非營利組織管理

連恆/著

作者簡歷

連　恆

現職

帝愛股份有限公司　名譽顧問

社團法人中華管理協會　名譽主席

全方位基金會　名譽會長

國際人道協會　發起人

自 序

　　企業以營利為目的，所以需「將本逐利」將資源花在刀口上以追求最大的利潤；非營利組織以服務大眾為目的，所以不在乎所募集到的資源能創造多少利潤，只在乎這些利潤能否分配到所需要的人身上；基本上來說，「企業管理」比「非營利組織管理」簡單，原因如下：

　　(1)企業的目的是獲利，而所獲得的利潤會分給股東與員工，企業只要設計合理與有誘因的利潤分配，便可趨使員工為了自身的利潤勇往直前；非營利組織則大異其趣，非營利組織的利潤不能分配，趨使組織成員勇往直前的原因為組織的使命與願景，基本上組織成員只是一味的犧牲奉獻，因此，非常不容易激勵與管理。

　　(2)只要是人都是「推己及人」，也就是先完成自己的事情行有餘力再幫助他人，所以，一般人都是先把自己在「企業」的工作做好與在「家庭」的家事處理好，剩餘時間才留給公益活動，所以，非營利組織普遍面臨人力與財力不穩定的現實環境；而且社會上有一部份人並不願意花時間、精力與資源在他人身上，說服他人從事公益本身就是一件不容易的事。

　　企業需要重視績效以獲取利潤，其實非營利組織比企業更應重視績效才能讓有限資源創造最大的社會福利。

　　本書與其他非營利組織管理的書相比，有以下優點：

　　(1)**言簡意賅**：Springer的期刊作者講過一句話：「論文的貢獻應與論文字數成正比」，這本書去蕪存菁留下許多初學非營利組織管理所必備的知識，讓初學者可以掌握非營利組織管理的精髓。

(2) 重視思考教導：這本書在每一個章節後面都有個案或小品文，初學者可以從中思考非營利組織管理問題的盲點，並從中研擬對策以培養學生解決問題的能力。

以下是本書的編排，首先是開場，筆者會說明人為何要從事公益活動，這一點是所有人進入非營利組織，並進而從事非營利組織管理前，所必需詢問的問題，畢竟公益活動不是人生「必需品」，每個人應該要檢視自己的內心是否應該要加入非營利組織。

接下來的章節是「非營利組織概述」，此章節會介紹什麼是「非營利組織」，非營利組織的類型、現況與相關法規，此將有助於讀者對非營利組織有初步的認識。

再來的章節是「非營利組織的存在理由」，任何組織的存在一定要有存在的理由才能產生價值，筆者從經濟學、政治學、社會學等角度探討非營利組織存在的理由，此將有助於讀者思考自身加入非營利組織並成為該組織的管理者後，應如何引領非營利組織的發展。

接下來介紹「非營利組織的策略管理」，此一章節會說明使命、願景、目標等組織管理概念與策略規劃、管理技術，學習完這一章節讀者將對非營利組織製訂管理策略有一個初步的認識；再來則是「非營利組織的行銷管理」，此一章節會介紹行銷的流程與各種行銷手法，此將有助於讀者協助非營利組織進行行銷。

在「非營利組織的公共關係」章節中，筆者會探討非營利組織應如何處理公共關係，再發生突發事件時，非營利組織應該要如何補救；接下來的章節是「非營利組織的人力資源管理」，由於，人力是任何組織的根本，因此，筆者對人力資源管理的相關概念進行了重點介紹，由於，非營利組織不能分配盈餘，所以筆者對非營利組織應如何「領導」與「激勵」員工進行重點說明。

再來的章節則是「非營利組織的志工管理」，志工是不支薪的勞動者，這

種人力資源不易招募與領導，筆者將會說明如何處理這方面的問題，非營利組織首重「形象」，而不支薪志工的水準通常參差不齊，所以筆者會說明如何管理志工以提高形象水準。

「有錢能使鬼推磨」，對於任何組織而言，擁有財力資源才能推動所有的工作，所以，在「非營利組織的募款管理」章節中筆者會說明非營利組織的募款方式與技巧，除此之外，筆者還會說明非營利組織的募款原則與倫理，以利非營利組織在維持形象的條件下執行募款任務。

非營利組織為達成目標會有許多公益活動，非營利組織亦會承接政府的許多企劃案，不管是公益活動或是企劃案皆需進行專案管理，在「非營利組織的專案管理」章節中，筆者會介紹專案管理的流程與專案成本控制、專案進度控制的方法。

不管是非營利組織成員工作績效評估或是非營利組織的公益活動成果評估，皆需進行績效與管理，在「非營利組織的績效管理」的章節中，筆者會說明如何設計績效指標與如何進行績效評估與管理。

在非營利組織如要達成使命，需要對政府進行遊說以要求政府給予資源、製訂政策與法規，在「非營利組織的遊說策略」章節中，筆者會說明非營利組織對政府遊說的方法與技巧。

連　恆 敬上

2016年10月

母親序

　　懷孕生產是每個母親生命中最特別的歷程，懷胎時的美好期待，初生第一眼見到的心愛寶貝讓你深愛著，一條隱形的線也緊緊的繫在彼此心上。我們小心翼翼的，認真的摸索學習如何當個稱職的父母，抱著懷裡的奶香娃兒，四目相視時彷彿擁有了全世界。快樂、滿足，竭盡所能的讓我的孩子快樂成長，希望他們有良好的品德、正確的價值觀，但也常常因為滿溢的愛之深與責之切而陷入矛盾痛苦。

　　在孩子長大的過程中，我花費了非常多的心思教導與指導，生怕一沒教導好孩子就偏離軌道，幸好兒子也非常孝順，常常體諒母親的心意與疲勞，學校課業從沒讓我操心過，甚至讓我感到非常驕傲；不只如此，我的小孩非常有同理心，時常幫助課業無法跟進的同學。雖然孩子在成長的過程中必定會犯錯，但是他也能體會我的教導，並不會同樣的錯誤接續而來，我知道能擁有如此孝順與懂事的孩子是上天賜給我最美好的禮物。

　　我的小孩從小熱心公益，常常於周日到「慈濟功德會」或「伊甸基金會」從事志工，他對於許多不公不義的事有許多感慨，其深感現代社會中，政府與企業的能力有限，且其所做所為不一定能即時滿足社會弱勢族群的需求。他亦覺得台灣的民間非營利組織雖然非常努力照顧底層民眾，但是，許多非營利組織亦面臨不易募集善款、志工來源不穩定、績效無法考核等問題，他深感應該要寫一本「非營利組織」管理的書，以幫助有心從事社會公益的人提升其管理能力。這本書是他多年來從事志工的心得與心血結晶，但願我兒子的著作能對各位有所助益。

修利生 敬上

2016年10月

目 錄

表 目 錄

圖 目 錄

第零章

為何要從事公益活動

　　這一章是學習「非營利組織管理」的前置作業，在進入非營利組織從事活動與管理之前，人們必需得先了解自己為何要從事公益活動，才能有動力在非營利組織長期發揮自己的專長。

第一節　人生價值觀

　　「價值觀」是個人對客觀事物(包括人、物、事)的重要性之優先順序，有人愛財、有人愛名、有人顧家、亦有人重朋友信義，更有人以天下為己任，先天下之憂而憂；所以，人們在做事前得先清楚了解自己想要的是什麼，所有的目標中自己的優先順序如何決定：

　　根據馬斯洛的「需求層級理論」(Maslow's Hierarchy of Needs)，人有下列5種需求(Maslow等人，1970)：

　　(1)生理的需求(Physiological Needs)

　　(2)安全的需求(Safety Needs)

　　(3)愛與歸屬需求(Love and Belonging Needs)

　　(4)自尊需求(Esteem Needs)

　　(5)自我實現需求(Self-actualization Need)

　　這些需求依照馬斯洛的說法，大部份人是先滿足生理需求、然後追求安全需求、再追求愛與歸屬需求、接下來是自尊需求，最後則是追求自我實現。

　　其中，自尊需求與自我實現是實現個人的理想目標，這些理想目標是因人

而異，最有名的例子是，大家就讀小學時的作文題目-「我的志願」，從總統、醫生、企業家、科學家、明星歌手等等包羅萬象，所以說，人們在滿足生理、安全與愛等基本需求後，追求自尊與自我實現是人們很重要的目標。

第二節　公益活動的意義

人的理想目標有許多種，而其中一部份是實行社會公益，實行社會公益有以下優點(劉淑瓊，2004)：

(1) 良心需求

世界各大宗教皆有勸人為善的說法，例如，佛教的「善有善報、惡有惡報、不是不報、時候未到」的因果論哲學、基督教亦有行善教義「順著情慾撒種的，必從情慾收敗壞；順著聖靈撒種的，必從聖靈收永生。我們行善，不可喪志，若不灰心，到了時候就要收成」。

實行公益活動除了可讓人安心外(畢竟不管是任何宗教，善人都有較高的機會可以上天堂)，重點是公益行善可讓人問心無愧地當個好人。

(2) 名譽

從事公益活動對個人、企業或組織來說最重要的效益是名聲，畢竟名譽優良，對個人來說可以獲得他人的敬重、對企業或組織來說可以提升企業形象增加社會大眾對組織的信任。

(3) 社會與環境意義

這個社會財富分配越來越不均衡、老人、小孩與弱勢族群受不到良好的照顧、環境污染嚴重且社會上的道德意識與古代相比相對薄弱，雖然，自古有「自掃門前雪、莫管他人瓦上霜」的哲理，但是，人不可能孤立而存在，人們對弱勢族群的不友善與環境的破壞，最終只會造成犯罪率提升與大自然環境的

反撲，所以，從事社會公益是長期有遠見的行為，可塑造優良的社會與環境。

(4) 節稅需求

從事公益活動的另一個優點是節稅上的幫助，所有的公益活動皆可以抵稅，且我們可以將資金捐給我們想要幫助的對象。

從事公益活動是一件不追求獲利的志業，不管出錢或是出力，假如沒有時時刻刻檢視自己的動機，便很容易鬆懈不再從事公益活動，所以，「莫忘初衷」是一件很重要的事。

問題與討論

1. 你的人生價值觀為何？生理需求、安全需求、愛與歸屬需求、自尊需求、自我實現需求這5種需求的優先順序你會如何決定？為什麼會如此決定？

2. 你目前有到非營利組織從事志工嗎？假如有，是何種動力促使你做這個決定？

3. 假如上級給你一個任務要你說服其他人加入非營利組織從事志工，你會如何說服他？為什麼？

小品文欣賞

有價值的人、事、物

其實，一個人會不會過幸福的日子與賺錢的能力關係比較低，與正確想法和概念關係比較高。

一般人比較不喜歡的人、事、物，很多都是低成本好用的高價值事物；相對地，一般人比較喜歡的人、事、物，很多都是昂貴不健康的低價值事物。例如，一般而言，蔬菜、水果比油炸類和肉類食物便宜且健康，但是現代人偏好油炸類和肉類食物；鄉下房子寬敞、舒適又低價，都市房子又小又貴、生活空間擁擠且空氣等居住品質不佳，但是現代人偏好住在都市而不願意在通勤上下班(學)，導致許多人為了高額房貸成為長期房奴；大家都愛名牌服飾、名車，但是上述物品很昂貴且其功能與平價衣服、普通車一致，結果導致許多人為了名牌得比一般人更努力長時間工作。

為了自己的幸福，大家得努力想想哪些人、事、物對自己是真正重要的，然後才能為真正重要的人、事、物捨棄其他人、事、物。

例如，以攝取食物來說，與蔬菜、水果相比一般人都喜歡油炸類和肉類食物，這是很難改變的，但是與健康或苗條的身材相比，油炸類和肉類食物就是可以捨棄的選擇(所謂捨棄也不是都不碰油炸類和肉類食物，而是減少攝取)。

其實，「放棄」也是一種本事，因為低價值事物，很多都可以立即享受到效益，而其所付出的代價卻要長期才會顯現，例如：享受油炸類

和肉類食物，其效益當下就可以得到，而肥胖與不健康的身體疾病卻要長期才會逐漸顯示出來。

　　由此可知，要獲得幸福的人生，除了要認真思考，建立人、事、物的價值觀外，還要認真堅持自己所選擇的人、事、物，才能達到預期的目的。

非營利組織概述

非營利組織的重要性「宛如點亮了千盞燈光」　－前美國總統布希

第一節　非營利組織的定義

非營利組織(Non-Profit Organization，NPO)指不以利潤為目的而從事公益活動的民間法人組織或團體(林淑馨，2008；高寶華，2014)，其目標為處理公眾關注的議題，例如，慈善、環保、宗教、藝術、教育等相關事項，非營利機構的作用在於填補企業與政府所無法提供的社會功能。

有時，非營利組織亦稱為第三部門(The Third Sector)，其與政府部門(第一部門)和企業部門(第二部門)形成三種影響社會的主要力量。

圖1-1. 組織的3種型態

非營利組織有以下特性(Salamon，1992;Drucker和Drucker，2004)：

1. 正式組織 (Formal Organization)

非營利組織有組織章程和內部治理程序，且會定期聚會以執行組織內會員所關心的事務，且會在政府管理單位進行註冊，以對外聲稱其為合法組織。

2. 民間組織 (Private Organization)

非營利組織並非政府單位，所以，政府除了法律上的規範外，政府不得干涉非營利組織的營運事務，但是，非營利組織可選擇性接受政府支持與承包政府業務。

3. 公益屬性 (Philanthropic)

非營利組織的組織目標必需與提升公共利益有關，此亦是與追求組織利潤的私人企業最大的不同點。

4. 不分配利潤 (Non Profit Distribution)

非營利組織既不以獲利為目的，自然不會分配利潤於組織成員與組織持有者，不分配利潤的優點在於組織不會為了獲利而影響其組織目標。

5. 自願服務 (Voluntary)

除了少部份領非營利組織工資的職工，非營利組織的所有活動皆是民眾認同非營利組織的目標與願景，自動自發參與活動，非營利組織對民眾的志工招募行為並無強制力。

6. 自主管理 (Self-Government)

非營利組織的所有行為皆由組織內成員依其所制訂的組織章程和內部治理程序加以行動，因此，非營利組織不受政府部門或企業部門的干擾。

第二節 非營利組織的種類

組織可以從「所有權」構面與「營運目標」構面加以分類,所有權有政府單位和民間單位兩種類型,而營運目標有營利單位和非營利單位兩種類型,整理如表1-1所示:

表1-1. 組織的類型矩陣

營運目標 / 所有權	營利單位	非營利單位
政府單位	公營事業 (例如,中鋼、台電)	政府機構 公立學校 公立醫院
民間單位	獨資企業 合夥企業 股份有限公司	基金會(財團法人) 協會(社團法人) 私立學校 私立醫院

資料來源:Kotler,1982;黃新福和盧偉斯,2007

依照國際非營利組織的分類標準(The International Classification of Non-profit Organizations,ICNPO),非營利組織可分類如表1-2所示:

表1-2. 國際非營利組織的分類標準

類　型	範　例
1.文化與休閒 (Culture and Recreation)	國家文化藝術基金會 財團法人中華飲食文化基金會
2.教育與研究 (Education and Research)	天下雜誌教育基金會 佛陀教育基金會
3.社會服務 (Social Services)	華山基金會 陽光基金會 中華兒童福利基金會

4.環境保護 (Environment Protection)	綠色和平基金會 財團法人臺北動物保育教育基金會
5.健康 (Health)	財團法人董氏基金會 愛盲基金會
6.住宅與開發 (Housing and Development)	財團法人崔媽媽基金會
7.政治 (Politics)	福爾摩沙基金會 愛國同心會
8.慈善 (Philanthropy)	台灣世界展望會 伊甸基金會
9.宗教 (Religion)	佛光山慈悲基金會佛教 慈濟慈善事業基金會
10.國際事務 (International)	財團法人高等教育國際合作基金會中 華民國中外協會
11.工商團體和專業組織 (Business and Professional)	社團法人中華牙醫學會 社團法人臺灣職能治療學會 台灣原住民族研究學會
12.其它 (Others)	中華社會福利聯合勸募協會 中華民國消費者文教基金會

資料來源：Salamon和Anheier，1997；黃斯福和盧偉斯，2007

雖然，非營利組織可以進行概略分類，但亦有部份大型非營利組織的服務範圍是多功能的，以「慈濟慈善事業基金會」其服務範圍包含佛教推廣(宗教)、資源回收(環境保護)、大學教育(教育與研究)、國際賑災(慈善)、骨髓捐贈(健康)等領域。

所有，非營利組織中，其最特殊者為聯合勸募協會，其主要功能是評估考量其他的非營利組織，並將所獲得之捐贈分配給其他非營利組織以促使社會資源充分運用。

第三節 非營利組織與政府、企業的關係

非營利組織與政府、企業為社會中的3種主要組織類型，這3種組織皆有其特殊功能；政府是一個以服務大眾為目標的政治體系，其主要功用是管理眾人的事，廣義的政府包括立法、行政、司法、軍事機關，狹義的政府僅指行政機關；企業則是一個以謀取利益為目標的商業組織，其主要功用是提供社會大眾所需要的財貨與勞務並從中收取應得的利益；非營利組織則是以特定相關人士的理念蒐集社會人仕的資源，以從事政府與企業所無法提供對社會有益的事務，非營利組織與政府、企業的比較請參閱表1-3。

表1-3. 非營利組織與政府、企業的差異比較

	非營利組織	政府	企業 (營利組織)
管理目標	公益使命	公共事務管理	為股東謀利
權力來源	出資人選舉的董事會	人民投票選舉的	出資股東投票選舉的董事會
資金來源	募款	稅收	消費者付費
服務標的	一般民眾或特定族群	一般民眾	消費者
服務範圍	有限	廣泛	限於付費者
強制力	無強制力	有強制力	無強制力

資料來源：Kramer，1987;林淑馨，2008

第四節 台灣非營利組織的現況

台灣非營利組織的發展主要開始於1980年代的社會運動，1980年到2015年為止各種類型的非營利組織皆呈現每年逐步成長的趨勢(請參考表1-4和表1-5)，根據內政部統計處的資料顯示，台灣非營利組織的數量共計有4萬7,833個，其相關團體分佈如圖1-2所示：

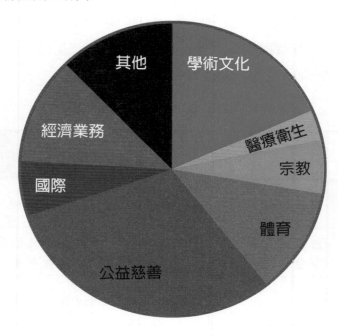

- ■ 學術文化團體 (18.4%)
- ■ 醫療衛生團體 (3.37%)
- ■ 宗教團體 (5.85%)
- ■ 體育團體 (11.65%)
- ■ 公益慈善團體 (30.53%)
- ■ 國際團體 (6.02%)
- ■ 經濟業務團體 (11.89%)
- ■ 其他 (12.29%)

圖1-2. 台灣內部不同類型非營利組織分佈

表1-4. 中央政府所轄各種人民團體發展趨勢

年度	學術文化團體	醫療衛生團體	宗教團體	體育團體	社會服務及公益慈善團體	國際團體	經濟業務團體	其他	合計
1,980	194	48	10	50	121	51	—	88	562
1,981	198	51	20	51	127	68	—	52	567
1,982	203	57	16	53	142	69	—	56	596
1,983	216	55	14	51	155	87	—	72	650
1,984	228	60	14	54	164	94	—	75	689
1,985	232	—	14	—	383	—	—	82	711
1,986	242	—	14	—	402	—	—	84	742
1,987	325	—	17	—	339	—	—	53	734
1,988	400	—	17	—	343	—	—	62	822
1,989	238	114	23	87	115	112	228	35	952
1,990	311	114	32	95	114	112	179	50	1,007
1,991	340	220	65	118	201	112	284	48	1,388
1,992	447	155	87	143	227	105	311	61	1,536
1,993	490	167	109	160	283	101	354	76	1,740
1,994	546	197	135	180	343	110	440	60	2,011
1,995	578	221	171	197	426	117	496	69	2,275
1,996	606	248	158	249	408	114	499	108	2,390
1,997	639	269	232	272	450	125	551	130	2,668
1,998	684	300	244	286	510	131	601	141	2,897
1,999	754	315	269	340	607	133	687	174	3,279
2,000	972	358	323	402	774	129	804	202	3,964
2,001	1,049	390	355	443	918	130	899	223	4,407
2,002	1,173	426	397	486	1,049	136	990	273	4,930
2,003	1,295	471	455	531	1,135	142	1,109	329	5,467
2,004	1,428	514	524	574	1,239	147	1,203	368	5,997
2,005	1,570	591	574	624	1,345	149	1,321	391	6,565
2,006	1,707	641	633	668	1,475	161	1,443	422	7,150
2,007	1,838	698	683	718	1,661	166	1,546	486	7,796
2,008	1,960	751	750	779	1,872	170	1,678	582	8,542
2,009	2,060	794	827	847	1,973	176	1,768	807	9,252
2,010	1,964	825	884	934	2,010	141	1,804	686	9,248
2,011	2,154	900	1,053	1,017	2,263	147	1,964	800	10,298
2,012	2,373	975	1,163	1,087	2,411	147	2,107	909	11,172
2,013	2,534	1,015	1,231	1,128	2,511	148	2,217	966	11,750
2,014	2,639	1,061	1,282	1,190	2,643	151	2,373	1,024	12,363
2,015	3,405	1,234	1,317	1,229	3,071	237	2,630	1,248	14,371

資料來源：內政部統計處

表1-5. 地方政府所轄各種人民團體發展趨勢

年度	學術文化團體	醫療衛生團體	宗教團體	體育團體	社會服務及公益慈善團體	國際團體	經濟業務團體	其他	合計
1,980	347	—	54	—	2,350	—	—	647	3,398
1,981	364	—	55	—	2,526	—	—	705	3,650
1,982	437	—	57	—	2,750	—	—	643	3,887
1,983	496	—	62	—	3,037	—	—	688	4,283
1,984	532	—	61	—	3,233	—	—	679	4,505
1,985	559	—	64	—	3,427	—	—	635	4,685
1,986	566	—	64	—	3,546	—	—	447	4,623
1,987	627	—	63	—	3,677	—	—	693	5,060
1,988	654	—	66	—	3,565	—	—	993	5,278
1,989	562	69	73	606	2,114	753	446	1,144	5,767
1,990	588	80	92	645	1,695	988	502	1,516	6,106
1,991	668	80	102	653	1,791	1,059	506	1,526	6,385
1,992	671	80	107	700	1,996	1,149	548	1,403	6,654
1,993	721	86	113	748	2,298	1,234	583	1,566	7,349
1,994	789	97	126	830	2,559	1,297	615	1,671	7,984
1,995	874	107	144	922	2,874	1,403	659	1,707	8,690
1,996	958	117	160	1,016	3,073	1,507	714	1,853	9,398
1,997	1,035	124	178	1,097	3,417	1,624	759	1,923	10,157
1,998	1,160	130	214	1,183	3,684	1,719	810	1,986	10,886
1,999	1,343	149	254	1,362	4,120	1,806	883	2,113	12,030
2,000	1,504	162	303	1,509	4,535	1,880	946	2,076	12,915
2,001	1,752	186	370	1,655	5,056	1,925	1,044	2,300	14,288
2,002	1,996	201	428	1,843	5,527	1,986	1,167	2,376	15,524
2,003	2,317	233	492	2,027	6,165	2,016	1,297	2,456	17,003
2,004	2,593	255	538	2,205	6,607	2,071	1,472	2,565	18,306
2,005	2,857	277	610	2,378	6,898	2,114	1,619	2,817	19,570
2,006	3,120	286	666	2,639	7,323	2,158	1,760	2,925	20,877
2,007	3,327	295	731	2,808	7,982	2,212	1,847	3,048	22,250
2,008	3,597	314	776	2,984	8,356	2,255	1,998	3,172	23,452
2,009	3,860	313	857	3,257	8,827	2,278	2,205	3,322	24,919
2,010	4,086	321	932	3,461	9,235	2,304	2,322	3,483	26,144
2,011	4,386	339	1,006	3,680	9,778	2,359	2,520	3,660	27,728
2,012	4,619	345	1,090	3,859	10,219	2,403	2,720	3,880	29,135
2,013	4,861	340	1,200	4,017	10,792	2,472	2,879	4,043	30,604
2,014	5,079	362	1,332	4,184	10,935	2,549	3,001	4,488	31,930
2,015	5,398	376	1,479	4,344	11,533	2,644	3,058	4,630	33,462

資料來源：內政部統計處

台灣的非營利組織特色為「小而美,窮而有志」(蕭新煌,2009;彭懷真,2014),其中,大部份是中小型基金會,在經費上,大多數基金會都必需對外募款以維持基金會的運作,在管理上,大多數基金會都必需仰賴「有專業能力」且「積極投入」的少數管理階級。

台灣的非營利組織依組織目的可以分成綜合性服務、兒童青少年福利、婦女福利、老人福利、身心障礙福利、家庭福利、動物保護、性別平等、健康醫療、心理衛生、文化藝術、教育與科學、國際合作交流、人權和平、環境保護、消費者保護、社區規劃、政府單位等類型,其相關網址可查閱台灣公益資訊中心,網址如下:

https：//www.npo.org.tw/npolist.asp

第五節 非營利組織的組成法規

法人指法律上具有法人資格的法人團體,法人團體像自然人一樣享有法律上的權利與義務,可以發起或接受訴訟;法人可細分成擁有公權力的政府機關(公法人)和私人機構(私法人),私法人又可向下細分為社團法人與財團法人,社團法人是由自然人組成的組織體,有一定人數的發起人才能成為社團法人;財團法人則是指以財產為基礎而集合成立的法人。

依據人民團體法,法人組織分成社會團體、職業團體和政治團體3種,其中,社會團體可細分成以下8類:

(1)學術文化團體

(2)經濟事務團體

(3)醫療衛生團體

(4)體育團體

(5)宗教團體

(6)慈善團體

(7)國際團體

(8)校友會

職業團體可細分成以下3類：

(1)工業職業團體

(2)商業職業團體

(3)自由業職業團體

政治團體可細分成以下2類：

(1)全國性政治團體

(2)政黨

依據人民團體法，人民團體之設立有以下規定：

表1-6. 人民團體設立規定

條　例	條例內容
人民團體法第 8 條	人民團體之組織，應由發起人檢具申請書、章程草案及發起人名冊，向主管機關申請許可。 前項發起人須年滿二十歲，並應有三十人以上組成。
人民團體法第 9 條	人民團體經許可設立後，應召開發起人會議，推選籌備委員，組織籌備會，籌備完成後，召開成立大會。 籌備會會議及成立大會，均應通知主管機關，主管機關得派員列席。
人民團體法第 10 條	人民團體應於成立大會後三十日內檢具章程、會員名冊、選任職員簡歷冊，報請主管機關核准立案，並發給立案證書及圖記。
人民團體法第 11 條	人民團體經主管機關核准立案後，得依法向該管地方法院辦理法人登記，並於完成法人登記後三十日內，將登記證書影本送主管機關備查。
人民團體法第 12 條	人民團體章程應載明左列事項： 一、名稱。 二、宗旨。 三、組織區域。 四、會址。 五、任務。 六、組織。 七、會員入會、出會與除名。 八、會員之權利與義務。 九、會員代表及理事、監事之名額、職權、任期及選任與解任。 十、會議。 十一、經費及會計。 十二、章程修改之程序。 十三、其他依法令規定應載明之事項。

非營利組織享受各種免稅法規，相關資訊如表1-7所示：

表1-7. 非營利組織免稅規定

條 例	條例內容
所得稅法 第4條第13款	教育、文化、公益、慈善機關或團體，符合行政院規定標準者，其本身之所得及其附屬作業組織之所得免納所得稅。
營業稅法 第 8 條	非營利組織部份財貨與勞務免徵營業稅
平均地權條例 第 35-1 條	私人捐贈供興辦社會福利事業使用之土地，免徵土地增值稅。但以符合左列各款規定者為限： 一、受贈人為財團法人。 二、法人章程載明法人解散時，其謄餘財產歸屬當地地方政府所有。 三、捐贈人未以任何方式取得所捐贈土地之利益。
土地稅法 第 6 條	為發展經濟，促進土地利用，增進社會福利，對於國防、政府機關、公共設施、騎樓走廊、研究機構、教育、交通、水利、給水、鹽業、宗教、醫療、衛生、公私墓、慈善或公益事業及合理之自用住宅等所使用之土地，及重劃、整荒、改良土地者，得予適當之減免；其減免標準及程序，由行政院定之。
房屋稅 第 15 條	私有房屋有下列情形之一者，免徵房屋稅： 一、業經立案之私立學校及學術研究機構，完成財團法人登記者，其供校舍或辦公使用之自有房屋。 二、業經立案之私立慈善救濟事業，不以營利為目的，完成財團法人登記者，其直接供辦理事業所使用之自有房屋。 三、專供祭祀用之宗祠、宗教團體供傳教佈道之教堂及寺廟。但以完成財團法人或寺廟登記，且房屋為其所有者為限。 四、無償供政府機關公用或供軍用之房屋。 五、不以營利為目的，並經政府核准之公益社團自有供辦公使用之房屋。但以同業、同鄉、同學或宗親社團為受益對象者，除依工會法組成之工會經由當地主管稽徵機關報經直轄市、縣（市）政府核准免徵外，不在此
使用牌照稅法 第 7 條	下列交通工具，免徵使用牌照稅： 四、衛生機關及公共團體設立之醫院，專供衛生使用而有固定特殊設備及特殊標幟之交通工具：如救護車、診療車、灑水車、水肥車、垃圾車等。 九、專供已立案之社會福利團體和機構使用，並經各地社政機關證明者，每一團體和機構以三輛為限。
娛樂稅法 第 4 條	凡合於左列規定之一者，免徵娛樂稅： 一、教育、文化、公益、慈善機關、團體，合於民法總則公益社團或財團之組織，或依其他關係法令經向主管機關登記或立案者，所舉辦之各種娛樂，其全部收入作為本事業之用者。
印花稅法 第 6 條	下列各種憑證免納印花稅： 二、公私立學校處理公款所發之憑證。 十四、財團或社團法人組織之教育、文化、公益或慈善團體領受捐贈之收
關稅法 第 49 條	下列各款進口貨物，免稅： 五、辦理救濟事業之政府機構、公益、慈善團體進口或受贈之救濟物資。

　　民國95年5月17日立法院通過公益勸募條例,從而規範非營利組織的勸募規則如下所示:

表1-8. 公益勸募條例

	條　例	條例內容
勸募團體定義	公益勸募條例第 5 條	本條例所稱勸募團體如下: 一、公立學校。 二、行政法人。 三、公益性社團法人。 四、財團法人。 各級政府機關(構)得基於公益目的接受所屬人員或外界主動捐贈,不得發起勸募。但遇重大災害或國際救援時,不在此限。
勸募申請單位	公益勸募條例第 7 條	勸募團體基於公益目的募集財物(以下簡稱勸募活動),應備具申請書及相關文件,向勸募活動所在地之直轄市、縣(市)主管機關申請許可。 但勸募活動跨越直轄市或縣(市)者,應向中央主管機關申請許可。 前項申請許可及補辦申請許可之程序、期限、應檢附文件、許可事項及其他應遵行事項之辦法,由中央主管機關
勸募期間	公益勸募條例第 12 條	勸募團體辦理勸募活動期間,最長為一年。
勸募用途	公益勸募條例第 8 條	勸募團體辦理勸募活動所得財物,以下列用途為限: 一、社會福利事業。 二、教育文化事業。 三、社會慈善事業。 四、援外或國際人道救援。 五、其他經主管機關認定之事業。
勸募活動支出範圍	公益勸募條例第 17 條	勸募團體辦理勸募活動之必要支出,得於下列範圍內,由勸募活動所得支應: 一、勸募活動所得在新臺幣一千萬元以下者,為百分之十五。 二、勸募活動所得超過新臺幣一千萬元未逾新臺幣一億元者,為新臺幣一百五十萬元加超過新臺幣一千萬元部分之百分之八。 三、勸募活動所得超過新臺幣一億元者,為新臺幣八百七十萬元加超過新臺幣一億元部分之百分之一。 前項勸募所得為金錢以外之物品者,應依捐贈時之時價折

勸募行為要求	公益勸募條例第 13 條	勸募團體應於郵局或金融機構開立捐款專戶,並於勸募活動開始後七日內報主管機關備查。但公立學校開立捐款專戶,以代理公庫之金融機構為限
	公益勸募條例第 14 條	勸募行為不得以強制攤派或其他強迫方式為之。亦不得向因職務上或業務上關係有服從義務或受監督之人強行為之。
	公益勸募條例第 15 條	勸募團體所屬人員進行勸募活動時,應主動出示主管機關許可文件及該勸募團體製發之工作證。但以媒體方式宣傳者,得僅載明或敘明勸募許可文號。
	公益勸募條例第16條	勸募團體收受勸募所得財物,應開立收據,並載明勸募許可文號、捐贈人、捐贈金額或物品及捐贈日期。
勸募細節公布要求	公益勸募條例第 18 條	勸募團體應於勸募活動期滿之翌日起三十日內,將捐贈人捐贈資料、勸募活動所得與收支報告公告及公開徵信,並報主管機關備查。 前項勸募活動所得金額,開支新臺幣一萬元以上者,應以支票或經由郵局、金融機構匯款為之,不得使用現金。

專有名詞

非營利組織 (Non Profit Organization)

第一部門 (First Sector)

第二部門 (Second Sector)

第三部門 (Third Sector)

國際非營利組織的分類標準

(International Classificationof Non-profit Organizations)

協會、社團法人 (Association)

基金會、財團法人 (Foundation)

是非題

1.(X) 政府、企業與社會大眾為三種影響社會的主要力量。

2.(X) 中鋼、台電等公營事業為營利單位。

3.(O) 政府是一個以服務大眾為目標的政治體系，通常其服務對象不會限定於特殊族群。

4.(O) 依據人民團體法，法人組織分成社會團體、職業團體和政治團體3種。

5.(O) 非營利組織因其公益特性在所得稅、營業稅、土地稅、房屋稅、使用牌照稅、娛樂稅、關稅法等各方面皆有免稅措施。

6.(X) 中華飲食文化基金會為教育與研究類型的基金會。

7.(O) 公立學校、行政法人、公益性社團法人、財團法人可向主管單位申請發起勸募活動。

問題與討論

1. 請列舉10個社會上經常出現的非營利組織？

2. 假如你有1000萬美金，你想用這筆財富發展抗癌藥物，你會想投資藥廠、還是捐給非營利的學校或醫院之研究中心，你的選擇依據為何？

小品文欣賞

千金難買少年貧

　　華人有一個習慣，就是喜歡寵愛小孩與留財產給子女，這對子女是一種傷害，因為一個人沒有受過些許挫折或是生活過於安逸，就沒辦法應變生活中的特殊情況，舉例來說，有些人從小一帆風順，一大學聯考考不好與遇到愛情挫折就跳樓自殺，有些人從小富裕結果就變成紈褲子弟，最後敗光家產，於是便有富不過3代這句古諺。

　　許多有名人物，從小就過著多災多難的生活，而其未來上進的動力，大都與小時後所受的磨難有關，例如，傷寒雜病論作者張仲景，其家族三分之二死於瘟疫與庸醫，因此，使他立志成為一名良醫，其便努力不懈蒐集古代醫方，其後便整理出古代醫學巨著－「傷寒雜病論」。

　　許多人擁有成就，其主因跟外在環境的關係不高，其跟內心的成就動機高度相關，畢竟大多數人都想過豐衣足食與安逸的生活，在一個人沒有財富時，其上進的動機可能是「脫離貧窮」，但是，當一個人由貧轉富後，還願意持續努力，靠著就是使命感與理想了。

　　其實，讓小孩受良好教育、過豐衣足食日子與體驗貧窮生活是不相違背的，現代父母可以與小朋友在週末做義工，一起服務弱勢族群，父母給小孩的零用金有限制，子女想要有更多財富得自行去打工，有智慧的商人，更在生前就告訴子女，我死後大部份財產交付信託，讓子女產生自力耕生的覺悟。

非營利組織的存在理由

　　非營利組織為存在於社會中，主因為非營利組織可提供政府與企業所無法提供之服務，此章節將從經濟面、政治面和社會面探討非營利組織存在的理由。

　　世界上最快樂的事，莫過於為理想而奮鬥。　　　　　　－蘇格拉底

第一節　以經濟學角度探討非營利組織的存在理由

　　亞當史密斯的《國富論》(The Wealth of Nations)說：「市場有一隻看不見的手」可以決定市場均衡，現實世界中，此市場均衡可能因為外部性、獨占、公共財與資訊不對稱等市場現象而無法達成，而此種狀況稱為市場失靈(Market Failure)(Teece，1980;吳森田，2004)，以下說明各種造成市場失靈的因素：

1. 外部性 (Externality)

　　外部性指個體經濟單位(例如，個人或組織)的行為對社會或其他個人部門造成影響(例如，建商開發大城市造成周圍土地上漲、工廠排放廢水造成環境污染)，但該個體經濟單位卻沒有獲得回報或承擔相應的義務，外部性亦稱外部效應或溢出效應(楊雲明，2016)。

　　個人或企業的外部性需要非營利組織進行監督與補救，綠色和平組織、環境品質文教基金會等非營利組織便是從事監督企業的任務。

2. 獨占 (Monopoly)

獨占指專賣或專買特定的產品或服務,「只此一家、別無分號」便是獨占最好的形容詞,獨占可以使企業設定其產品的價格,進而提高其總利潤並降低社會總效益,所以,世界各國都有訂立「反托拉斯法」(亦稱為競爭法,Competition Law)以降低企業獨占之可能性(楊雲明,2016)。

一般而言,水、電、瓦斯等大型公共事業,由於投資規模龐大,所以,皆由政府進行獨占(亦稱為「自然獨占」),至於,一般企業如有獨占行為則由「反托拉斯法」對企業進行箝制。

對於各種獨占行為,非營利組織可以充當「利益團體」監督政府嚴格審視企業間聯合壟斷的行為。

3. 公共財 (Public Good)

公共財為一種集體消費財,此種財貨一旦提供,任何人都可以均等享有,公共財有「非敵對性」(Non-Rivalness)與「非排他性」(Non-Exclusiveness)兩種特性(謝京叡,2014);「非敵對性」與「非排他性」的比較請參考表2-1。

(1)非敵對性

「非敵對性」產品指特定財貨或勞務,不能被特定個別消費者所獨享,個別消費者的使用也不能減少其他消費者的使用可能性,反之,「敵對性」產品指特定財貨或勞務只能由單一消費者使用;舉例來說,玫瑰花的花香為「非敵對性」產品,農夫種玫瑰花的花香可以由農夫及其鄰居享用,玫瑰花的花香並不會因為農夫的享用而減少其鄰居享用花香的可能性,知識亦為「非敵對性」產品,教師與學者傳播知識並不會影響知識的價值;魚貨為「敵對性」產品,A消費者食用特定魚貨,B消費者便沒有享用特定魚貨的可能性。

(2)非排他性

「非排他性」產品指該財貨或勞務一旦被提供,除了可以由多人同時消費外,亦不能禁止別人免費享用該財貨或勞務,反之,「排他性」產品指經濟個

體可以阻止該財貨或勞務被其他人享用；舉例來說，「國防」為「非排他性」產品，國防所提供的安全保障不會因為納稅人有無繳稅而有所差異，「保險」為「排他性」產品，有繳保費的人才能享受保險給予的保障。

公共財因為有「非敵對性」與「非排他性」，所以無法進行商業買賣，一般企業便不願意生產，只能由政府或非營利組織提供。

台灣有許多研究類型的非營利組織(例如，台灣經濟研究院、中華經濟研究院、中央研究院、工業技術研究院等)會提供許多研究資訊與知識，這些知識皆屬於對台灣民眾有利的公共財。

表2-1.「非敵對性」與「非排他性」的比較

	敵對性	非敵對性
排他性	私人財 食物、衣服、私人汽機車	有限電視、收費高速公路
非排他性	共有資源 空氣、公園、公海漁場	海上燈塔、國防、知識

資料來源：台灣大學經濟系網站

4. 資訊不對稱 (Information Asymmetry)

資訊不對稱指產品的提供者擁有別人所不知道的產品資訊，而此資訊會影響到產品的價格，資訊不對稱會導致逆向選擇(Adverse Selection)問題，逆向選擇指交易雙方資訊不對稱，進而出現市場交易產品平均質量下降的現象，此一現象亦稱為「劣幣驅逐優幣」，要解決資訊不對稱問題，可由第三方專業人士對產品進行認證，此一部份的功能可由企業或非營利組織提供(Pauly，1974)。

第二節 以政治學角度探討非營利組織的存在理由

政府，雖然可以提供企業所無法提供的公共財與部份獨占服務，但是因為投票問題、官僚體制問題、代議政府問題、分權政府問題與適法性問題，政府的服務偶爾會發生功能不彰的問題，此亦稱為「政府失靈」(Government

Failure)，政府失靈相關因素說明如下(Solomon，1995；Tullock等人，2002)：

(1) 投票問題

民主投票制度不一定可以反應真實的民意，主因為民主制度強調「票票等值」，但是現實生活中，每位選民對特定選舉議題或對特定候選人的偏好強度不同，選舉結果不一定可以反應真實的整體選民偏好，此稱為「投票的吊詭」(The Paradoxof Voting)。

民主投票制度亦為一種表面上公平，實質上不公平的制度，因為每個人受選舉議題的影響程度不同、每個人對國家貢獻(繳稅額度)亦有所差異，但是，卻有相同的投票重要性，此「齊頭式平等」非真平等。

(2) 官僚體制問題

政府官員在官僚體制的保護下，公務人員普遍有「多做多錯、不做不錯」的思維(吳惠巧，2011)，其工作的積極性與工作效率通常不如私人企業，所以，許多社會服務工作政府會將其工作外包給有效率的「企業」或有理想性的「非營利組織」承接。

(3) 代議政府問題

政府的施政會受到「利益團體」與「財團」的影響，政府政策的決定通常是多方妥協後的結果，更有甚者，代議政府會以自身利益為考量並制訂許多「自肥政策」；除此之外，政府的施政亦可能只照顧其忠誠支持者，而忽略其他選民的看法與意見；只有具有理想性的非營利組織可以對一般大眾提供長期無私的服務。

(4) 分權政府問題

政府的施政有其責任範圍，中央政府與地方政府之間、不同地方政府之間通常有責任模糊地帶，對於在責任模糊地帶的弱勢族群，其利益通常會被政府

忽略；此時，便需要由非營利組織對這群弱勢族群進行援助。

(5) 適法性問題

政府公務人員只會照政府的法令規章辦事，做事缺乏彈性，因此，有一部份的社會服務工作只能由非營利組織承接(例如，未符合低收入戶法律規定的弱勢戶補助)。

第三節 以社會學角度探討非營利組織的存在理由

以社會功能的角度，非營利組織對於台灣社會帶來了下列的效益：

(1) 理想的實踐

非營利組織是為了實現公益與社會的理想而成立的單位，許多大眾有共同的理想(例如，保護稀少動物、實現政治目的、協助世界各地孤苦無依的幼童)，這些理想無法以個人之力加以實現，而非營利組織可以建立組織目標與募集有共同目標的社會大眾之人力與物力，協助社會大眾實踐理想。

(2) 社群交流的平台

現在社會人際疏離，許多青少年使用手機上網，而休假日則經常宅在家中，人與人之間的互動日漸減少，台灣的各個非營利組織亦是台灣的各種社群，其可以當作台灣人民互動交流的平台，協助台灣人民建立「社會資本」。

(3) 安定社會的功能

台灣各個非營利組織會實現下列社會公益：

(i)補助台灣弱勢族群

台灣的老人、孤兒、失婚婦女等弱勢族群都需要照顧，這些人受到非營利組織的照顧後，便可以降低社會的相對不公平感，有助於社會穩定。

(ii)提升社會的階級流動可能性

台灣的不同社會階層(指上流社會、中產階級與中下流階級)之間的子女可以受到的教育資源差距頗大，此導致社會階級不容易流動，而產生「社會階級世襲」的現象。

台灣的非營利組織會對中下流階級的子女提供教育輔導，以提高社會階級的流動性，此有助於降低社會不同階層的「相對剝奪感(Relative Deprivation)」，並提升台灣各個社會階層人民上進的力量。

(iii)心靈慰藉

台灣的部份非營利組織會提供各種有利於提升「世道人心」的資訊與民眾，並對不同的民眾施行教化與輔導，此對於提升社會的善良風俗有所助益，此為安定台灣社會的一股力量。

第四節 非營利組織的極限

非營利組織並非是解決社會問題的萬靈丹，其亦可能發生「志願服務失靈」(Voluntary Failure)的問題，而需政府與企業的介入與輔導，可能造成非營利組織「志願服務失靈」的因素如下(Solomon，1995)：

(1) 公益不足性 (Philanthropic Insufficiency)

非營利組織的資源來自於與共同理想的人群之自願投入，其營運資金收入並沒有強制性，社會大眾對非營利組織的資金投入數量經常受到整體經濟環境的影響，台灣的非營利組織對社會大眾經常無法提供足夠的服務。

(2) 公益特殊性 (Philanthropic Particularism)

由於，非營利組織的資源有限，其組織目標與服務對象，通常選擇對特定族群提供服務以達到最高的服務成效，此會造成部份弱勢族群因為受到社會足夠關注與不在所有非營利組織的服務範圍內，而使該弱勢族群無法獲得應有的服務。

(3) 公益重覆性 (Philanthropic Repetitive)

台灣的非營利組織之間，有些組織的願景與成立目標相同，此便會造成部份弱勢族群獲得重覆的照料，而造成社會資源的浪費。

(4) 公益干涉性 (Philanthropic Paternalism)

非營利組織的巨款捐助者對該組織投入足夠資源，巨款捐助者通常可以干涉該組織的營運方向與政策，並對該組織造成一定的影響性(例如，財團捐款給特定學校，財團再要求學校將建築工作外包給財團企業)

(5) 公益業餘性 (Philanthropic Amateurism)

非營利組織因其資源有限，所以，非營利組織對其專職人員的給薪通常都不高，此造成非營利組織的專職人員的專業素養通常都不如一般企業的員工。

專有名詞

市場失靈 (Market Failure)

外部性 (Externality)

獨占 (Monopolism)

公共財 (Public Good)

資訊不對稱 (Information Asymmetry)

反托拉斯法 (Antitrust Law)

非敵對性 (Non-Rivalness)

非排他性 (Non-exclusion)

逆向選擇 (Adverse Selection)

劣幣驅逐優幣 (Bad Money Drives Out Good)

政府失靈 (Government Failure)

投票的吊詭 (The Paradox of Voting)

齊頭式平等 (Full Block Style Equality)

利益團體 (Interest Groups)

財團 (Megacorporation)

自肥政策 (Policy for Feathering Your Own Nest)

官僚體制 (Bureaucracy)

代議政府 (Representative Government)

分權政府 (Decentralization Government)

適法性 (Appropriateness)

社會資本 (Social Capital)

社會階級世襲 (Hereditaryin Social Class)

相對剝奪感 (Relative Deprivation)

志願服務失靈 (Volunteer Service Failure)

公益不足性 (Public Insufficiency)

公益特殊性 (PublicInterest Particularity)

公益重覆性 (Repetitive of Public Interest)

公益干涉性 (Interference of Public Interest)

公益業餘性 (Public Interest Basedon Amateur)

是非題

1.(O) 亞當史密斯說：「市場有一隻看不見的手」，此看不見的手就是指市場的價格調整機制。

2.(O) 市場失靈為因為市場發生外部性、獨占、公共財與資訊不對稱等市場現象造成市場的價格調整機制無法順利進行。

3.(O) 「一家烤肉、萬家香」就是指市場的外部性。

4.(O) 台灣電力公司是獨占企業。

5.(X) 「敵對性」產品指特定財貨或勞務，不能被特定個別消費者所獨享，個別消費者的使用也不能減少其他消費者的使用可能性。

6.(X) 世界各地的「公海漁場」有「排他性」。

7.(O) 「保險」為「排他性」產品，有繳保費的人才能享受保險給予的保障。

8.(O) 中華經濟研究院提供的經濟研究資訊為對台灣民眾有利的公共財。

9.(X) 民主投票制度為「票票等值」的制度，可以反應真實的民意。

10.(O) 政府公務員的積極性與工作效率通常不如私人企業。

11.(X) 立法委員提高自己的工資不算「自肥政策」。

12.(O) 在縣市邊界的地方，警察執法有三不管地帶，此便是政府的「分權政府問題」。

13.(O) 「社會階級世襲」指台灣不同社會階層之間的子女的社會階級不容易發生流動的現象。

14.(O) 非營利組織是解決社會問題的萬靈丹。

15.(O) 非營利組織的職工的薪資水準通常優於一般企業。

選擇題

1.(2) 以下那一個不是「市場失靈」的發生原因？

(1)外部性、(2)全球化、(3)公共財、(4)以上皆是。

2.(3) 以下那一個不是「政府失靈」的發生原因？

(1)代議政府問題、(2)分權政府問題、(3)外國干擾問題、(4)以上皆是。

3.(4) 以下哪一個不是「志願服務失靈」的發生原因？

(1)公益不足性、(2)公益干涉性、(3)公益特殊性、(4)以上皆是。

3.(2) 以下產品何者具有「敵對性」？

(1)有線電視、(2)衣服、(3)海上燈塔、(4)以上皆是。

4.(4) 以下產品何者具有「非排他性」？

(1)空氣、(2)公海漁場、(3)知識、(4)以上皆是。

5.(2) 以下企業何者為「獨占」企業？

(1)中國石油公司、(2)台灣電力公司、(3)台灣鐵路公司、(4)以上皆是。

問題與討論

1. 請列舉說明，商場上的資訊不對稱現象？

2. 非營利組織可以提供哪些「公共財」？

3. 「政府失靈」由哪些因素造成，請列舉說明。

4. 非營利組織推展公益必需面對「公益干涉性」，對於這一問題，你有何對策可以處理此問題。

5. 何謂「投票的吊詭」，假如你是中央選舉委員會的負責人，你會建議政府如何處理「投票的吊詭」問題。

小品文欣賞

交友價值

　　這個世界上有價值的交友行為其實不多，我個人認為「雪中送炭」和「志同道合」這兩種行為才可能交到有價值的朋友，最忌諱的其實是貪圖你利益的酒肉朋友，與其深交其實一點意義也沒有。

　　過去，我到南投埔里觀光時，有聽到一個做生意曾經成功後來一夕之間失敗的大老闆說，他從前請生意上的同事都是一桌2萬、3萬的方式，常常請客；有一天突然間心臟病發作，結果幾十個常請客的人，最後只有兩個人幫他，大部分人都看他生意失敗跑掉了。

　　在商場上，大多人都是追逐利害關係，有利則合無利則分，如此的關係當然不會長久，反倒是在公益場所認識的志工，這些人是為了公益理念相結合，其關係反而可長可久，而且落難時反而才是會伸手幫助的朋友。

　　所以說，我剛剛講的那個做生意一夕之間失敗的大老闆，後來，六日都去從事公益活動（義務幫助沒有能力的老弱病人居家照護），反而得到許多義工的幫忙，從而獲得資助，經營炸雞店小本生意東山再起。

公益型企業VS社會企業

　　以定義來說，企業與非營利組織之間的界定是非常清楚的，但是，企業需投入公益以維持形象(例如，部份企業有捐款部份盈餘的規則以提升其企業形象)、非營利組織需有固定收入來源以推行公益，因此，部份企業會從事公益活動、部份非營利組織會從事盈利行為，從而產生了「公益型企業」(Public Enterprises)、「社會企業」(Social Enterprise)兩種特定類型的組織形態。

　　「公益型企業」指固定定期投入部份盈餘從事公益的企業，例如，順發3C承諾最少捐出20%的盈餘投入公益。

　　「社會企業」指一個組織會從事營利行為，但是，其所有盈餘會用來投資社會企業本身與解決該社會的問題以為社會謀取最大的利益，例如，喜憨兒基金會在各地有烘焙坊，這些烘焙坊的所有盈利會用來幫助喜憨兒基金會支持心智障礙者教育與輔導活動。

問題與討論

「企業」、「非營利組織」、「公益型企業」、「社會企業」和「政府」為5種不同形態的組織

(1) 這5種組織存在的利基在那裡？

(2) 假如你要捐款你會捐到「非營利組織」、「公益型企業」還是「社會企業」？為什麼？

(3) 假如你要當志工，你會到「非營利組織」、「公益型企業」還是「社會企業」當志工？為什麼？

(4) 假如你要購買產品，你會到「企業」、「公益型企業」還是「社會企業」經營的商店進行購買(假設各組織的產品品質一致)？為什麼？

SLIME

SLIME

2017. Feb.

非營利組織的策略管理

　　非營利組織要能長久經營與擴大規模，首先就必需有吸引人的目標，才能讓社會大眾願意投入人力與物力，此章節便是要談非營利組織經營成功的最重要關鍵因素－「策略管理」。

上兵伐謀　　　　　　　　　　　　　－《孫子兵法・謀攻篇》

第一節 非營利組織的使命、願景、目標

　　非營利組織要發展，首先就是要先說明其存在的目的，而其存在的目的有使命(Mission)、願景(Vision)、目標(Goal)三個層次，分述如下：

(1) 使命 (Mission)

　　使命是組織存在的目的與追求的價值(林建煌，2003)，對於非營利組織來說，其使命會說明其服務的對象(Client)、施行的服務(Service)與產生的利益(Value)，以愛盲基金會為例，其宗旨為「在文教、職訓與視障福利政策方面，為視障同胞提供全面性服務與前瞻性規劃」，其服務的對象為視障同胞、其施行的服務包括為視障者建立「無障礙的生活環境」、培養視障者獨立自主人格、為視障者爭取平等權益與福利、從事視障者文化教育與公共政策之研究發展、倡導視障者全方位學習、促進視障者獲得平等參與社會的機會，其利益則是替台灣社會所有盲胞提供優質的生存環境以協助其自立，以下是台灣各種非營利組織的使命：

表3-1. 各種非營利組織的使命

非營利組織類型	非營利組織名稱	非營利組織使命
文化與休閒	國家文化藝術基金會	國藝會成立的主要目的在於積極輔導、協助與營造有利於文化藝術工作者的展演環境，獎勵文化藝術事業，以提升藝文水準。
	財團法人中華飲食文化基金會	中華飲食文化基金會是一個以研究、傳承中華飲食文化為宗旨的民間財團法人；基金會從實踐中，冀望能透過共識之士的激勵，經由科際整合的手法，使中華飲食文化之研究提昇至學術的境界；為此，基金會已舉辦數屆的中華飲食文化學術研討會、餐飲管理學術研討會，並提供博碩士論文、社會人士學術著作、專案研究計畫的獎助與補助申請，同時亦出版會議論文集及國際性學術期刊，並提供圖書資料查詢以串聯人脈資訊的交流，近來更積極參與各類學術活動，以期達到資源之互動與整合的目的。
教育與研究	天下雜誌教育基金會	天下雜誌教育基金會根據國際趨勢與台灣需要，企畫製作教育專題，持續為台灣教育提出新觀點與新視野，全面深度探索教育體系的運作與管理，為台灣的希望工程開啟一扇世界的窗；天下雜誌教育基金會希望用熱情點燃社會對教育的參與，用行動實踐教育改革的理想，承接每年以教育議題關懷台灣的教育特刊模式，發揮媒體的力量幫助台灣向外看，不僅借鏡國際教育改革的經驗，幫助台灣向內整合教育資源，搭建溝通橋樑，帶動台灣關注社會的角落，重視教育的力量。
	佛陀教育基金會	1.促進德育，輔助民間四育之不足。 2.推展佛慈，發揚積極為善之特色。 3.闡發倫理，潛移社會淫屬之惡風。 4.海外宣講，促進國際教界之共識。
社會服務	華山基金會	華山基金會投大三失（失能、失依、失智）老人免費到宅服務。 華山基金會，秉持「在地老化」（長者能在自己熟悉的環境終老）、「在家老化」（長者能在家庭式之住所終老）、「社區互助」（取之於社區、服務於社區）的理念，在「補不足」服務原則下，為社區老人提供優質服務。
	陽光基金會	陽光基金會整合社工、復建、心理等專業人員，以團隊合作的方式全方面協助顏面損傷及燒傷朋友。
	兒童福利聯盟	給孩子一個更好的世界致力讓每個孩子都能獲得愛、關懷和瞭解。
環境保護	綠色和平基金會	綠色和平是一個獨立的全球性環保組織，致力於以實際行動推動積極的改變，保護地球環境與世界和平。我們透過研究、教育和遊說工作，推動政府、企業和社會大眾共同尋求環境問題的解決方案。
	財團法人臺北動物保育教育基金會	辦理野生動物保育及教育工作。 運用社會資源推動動物保育教育、環境教育及相關服務項目。 進行有關動物保育學術及研究工作之提昇。 結合國內外相關機構及組織進行動物保育及教育專業人才之養成、訓練與獎勵。 進行野生動物域外保育及研究工作之擴展。 接受政府或民間委託辦理經營動物園或環境教育園區等之相關事宜。 其他與動物園動物保育有關之事項。

健康	財團法人董氏基金會	董氏基金會以「促進國民身心健康、預防保健重於治療」為宗旨，從事創辦或協助有關國民身心健康之衛生事業，致力於菸害防制、食品營養、心理衛生等工作，全方位關懷全民身心健康。
	愛盲基金會	愛盲基金會為視覺障礙朋友以及其他身障朋友，在文教、職訓與視障福利政策方面，提供全面性服務與前瞻性規劃的基金會。
住宅與開發	財團法人崔媽媽基金會	崔媽媽基金會透過發展健全租屋市場、推動完善租賃法令制度、倡議社會住宅政策等面向，期盼創造一個良好、安全、有制度的住宅環境，讓「居者適其屋」的理念早日實現。
慈善	台灣世界展望會	我們是基督教的機構 我們獻身服務貧窮 我們尊重人的價值 我們僅不過是管家 我們是合作伙伴 我們訊速回應需求
	伊甸基金會	伊甸基金會以「服務弱勢、見證基督、推動雙福、領人歸主」為服務宗旨。有鑑於台灣身心障礙人口已超過百萬人，且有七成以上是後天因素所造成，伊甸將繼續為弱勢族群爭取權益，並倡導更合理的社會福利政策與爭取社會福利預算，推動全人關懷，讓福音與福利得以實踐。
宗教	佛光山慈悲基金會佛教	佛光山的慈善事業就是以這種慈悲喜捨、利他的人間佛教精神為本，為眾生拔苦與樂、無遠弗屆的照護你、我的身心靈 佛光山的慈善工作，並非以提供金錢或物資的救濟為要，而是兼融文化、教育、共修，從去除人的貪嗔癡、淨化社會為根本做起。隨著時代的變遷，社會問題複雜而多變，佛光山為提供專化服務
	慈濟慈善事業基金會	慈濟是以「慈、悲、喜、捨」之心，起救苦救難之行，予樂拔苦；秉持「誠、正、信、實」之精神，事理圓融之智慧，力邀天下善士，同耕一方福田；勤植萬蕊心蓮，同造愛的社會。祈願人心淨化、社會祥和、天下無災無難。
國際事務	財團法人高等教育國際合作基金會	高等教育國際合作基金會以推動高等教育國際學術合作為宗旨，基金會協助政府代表我國參與國際高等教育學術活動，統籌規劃對外宣傳與推廣；並藉由結合各捐贈校院力量，以積極的態度、穩健的腳步，擴大我國高等教育在國際學術界上的活動空間及影響力。
	中華民國中外協會	中外協會的使命為「開發強化青年學子的國際觀與國際事務經驗」
工商團體和專業組織	社團法人中華牙醫學會	中華牙醫學會主在網路上提供口腔醫學資訊以利學術交流。更將傳遞有關牙科醫療器材，藥品和其它方面等之新知。並且對於一般社會大眾提供口腔醫學保健常識，以及便捷的牙醫諮詢服務。
	台灣原住民族研究學會	原住民族研究學會主要目的為實行原住民族領域相關研究
其它	中華社會福利聯合勸募協會	聯合勸募一旦合理地運用社會各界的善款，並代替捐款者監查善款運用情形；另一方面透過審查委員的監督和輔導機制，協助社福團體推出更完善的服務，讓更多弱勢朋友因此受惠。
	中華民國消費者文教基金會	中華民國消費者文教基金會是一個非政治性、非營利性的純民間公益、公義財團法人，其設立宗旨為 推廣消費者教育 增進消費者地位 保障消費者權益

資料來源：各大非營利組織網站

(2) 願景 (Vision)

非營利組織在執行活動以達成其使命前，需要使用到各種人力與物力資源，這些資源需要經由募集才能得到，要吸引捐款人願意出錢出力需要一個可以描述的出來之未來藍圖，以吸引他人投入心力，此便是「願景」，「願景」提供了組織完成各種特定活動後的景象，願景代表在一段期間後組織或其服務的對象希望變成的狀態，以下是喜憨兒基金會的願景：

「終生教育、終生照顧」提供心智障礙者的終生教育及在社區中獲得終生照顧。

1.愛心：

心智障礙只是生命裡的一部分的殘缺，用父母、社會及政府的愛心，關懷與支持，必可化解所有的障礙。

2.專業：

藉由專業的職業復健及專業的工作指導，改善憨兒智能與體能，提昇工作能力，倡導自力更生，融入社會服務。

3.人性化：

以人性為出發點，使心智障礙者能獲得正常化的回歸主流，能受到社區化的關愛。

(3) 目標 (Goal)

所謂目標是指組織為了達成使命與實現願景，在不同的階段所訂立朝向實現願景的評估標準，用以檢核組織的服務活動與預期的評估標準之間的差距；目標依其檢核時間可分成短期目標(Short-term Goal)、中期目標(Mid-Term Goals)與長期目標(Long-term Goal)，短期、中期與長期目標的比較如表3-2所示：

表3-2. 短期、中期與長期目標的比較

	短期目標	中期目標	長期目標
定義	短期目標為完成中期目標的初步目標。	受長期目標所制約的子目標,為達成長期目標的中介目標。	可達成實現組織願景的評估標準。
時間間距	通常1年以內	通常1年以上10年以內	通常10年以上
	短期、中期與長期目標的時間間距為一個相對的概念,基本上長期目標的達成時間高於中期目標的達成時間、中期目標的達成時間高於短期目標的達成時間。		
包含範圍	低	中	高
達成目標可能性	低	中	高

資料來源:戚樹誠(2015)

以「中華經典文化教育協會」為例,其短期、中期與長期目標分別如下:

1.短期目標

此階段將班級經營、各項活動承辦、志工團隊整合、理監事運作機制、內部工作人員共識,與當地政府接軌及各公民營文化單位聯結,皆以協會為單一窗口對外,所有處事規則、時間進度,完全依循真理。

2.中期目標

與中國大陸各省讀經單位聯結,時機因緣成熟亦可與短期目標同時進行。

與中國大陸各省聯結經典文化交流、經典文化尋根,首推山東省曲阜、山東孔廟,彙整中國大陸各省讀經資訊,融合銜接兩岸四地經典教學理念。

3.長期目標

兩岸四地完整性系列師資培訓。

以下是使命、願景與目標的比較：

表3-3. 使命、願景與目標的比較

	使命	願景	目標
定義	組織存在目的與發展方向。	組織未來預期實現的整體任務，並藉此達成的整體效益。	不同階段，組織所欲達成的內容(評估標準)。
涵蓋時點	長期	長期	短期、中期與長期皆可能
涵蓋範圍	大範圍	大範圍	小範圍至大範圍皆可能
具體化	低	低	低或高皆可能

資料來源：朱文儀，2015

(4)非營利組織的使命設計原則

非營利組織的使命通常都是由創辦人，因為某一件生活中發生的事件對其內心產生感觸，而發願去完成特定的任務而加以建立。但是，創辦人的「心願」要形成一個可以吸引人投入的「使命」，需要進行設計與包裝，才能廣納四方大眾投入此志業。

(a)使命需清晰明確

創辦人的使命需要清晰明確且簡短，使人一看就懂才容易讓人產生共鳴，例如，心路基金會的使命「提供全方位的服務、促進有機會的環境，成就智能及發展障礙者最大可能」，便言簡意賅的說明了該基金會是為了智能障礙者提供全方位的服務與優質生存環境。

(b)使命需介紹服務目標、服務內容與服務效益

非營利組織的使命要讓人清礎了解得明確點出其服務目標與服務內容，尤其得說明其服務效益，才能讓人願意在該組織投入心力。

(c)使命需有獨特性

由於，台灣的非營利組織眾多，許多組織有重覆性，具有重覆性使命的非營利組織，會產生資源競合的問題，此造成需要服務的對象享受到重覆的服務

且會形成許多非營利組織規模過小,無法產生「規模經濟」而提供有效率的優質服務。

　　一個新的非營利組織如要成立,首先得要確定其使命是否有獨特性,如台灣民間已有同質性的非營利組織,基於公益的立場,建議直接加入現有組織,不需要另起爐灶。

　　(d)使命需有價值

　　非營利組織所提出之使命必需要有存在的必要性,除了要提供政府與企業無法支援的服務以滿足特定人士之需求,還要具有獨特性才能產生最大的存在價值而不會被取代。

第二節　非營利組織的營運困難點與策略施行原則

　　非營利組織在完成其使命前會遇到各種困難與限制,要克服這些困難需要有效的「策略」,「策略」是組織為達成特定目的,在特定資源下,決定特定活動是否施行與施行的優先順序(Magretta,2003)。

一、非營利組織的營運困難點

大部份非營利組織通常會遇到下列問題:

(1)經費問題:

　　台灣的官方、半官方與民間的非營利組織,都存在經費不足的問題,非營利組織可以獲得的捐款,通常都會受到景氣的影響,此造成非營利組織的固定性服務無法獲得穩定財源支持。

(2)人手問題

　　台灣大部份的非營利組織都是小型組織,組織主要事務都是由少數幾位熱心人士或是組織職工負責協調安排,而大部份人都是志工,而志工有服務時間不穩定的問題。

(3)組織成員能力問題

非營利組織由於不以營利為目的，所以，非營利組織付給職工的薪水通常偏低，非營利組織的志工通常不領薪水，因此，大部份的非營利組織都無法吸引到優秀人才為其持續工作，台灣非營利組織的成員有能力不足的現象。

(4)信任問題

非營利組織對外募集資金以從事公益，單純出捐款的一般大眾通常沒有空閒去監督非營利組織的活動，此資訊不對稱的現象加上台灣社會新聞對非營利組織的負面新聞造成台灣一般大眾對非營利組織的信任問題。

(5)服務對象問題

非營利組織的服務對象大致可以劃分為三類：優勢群體(社會中上階層民眾)、中間群體(社會中下階層民眾)、弱勢群體(社會下層和最低層民眾)，台灣的非營利組織服務優勢群體與中間群體的活動可獲得較多捐款者支援，但是服務弱勢群體的活動募款不易，主因在於弱勢群體通常無法產生回饋，所以，願意支持的人較少，這便造成台灣的弱勢群體缺乏足夠福利保障。

二、非營利組織的營運策略原則

非營利組織為了克服種種困難以完成使命，其可以使用各種手段以達成任務，相關手段詳見於各大章節，這裡先介紹策略施行的原則：

(1)量力而為原則

非營利組織的使命可能很崇高與偉大，但是，現實生活中受限於組織資源不足只能提供有限的服務，許多非營利組織的領導人員會好大喜功的進行多項目與大範圍的服務，結果反而造成服務品質不佳，亦無法產生應有的效益。

(2)服務有形化原則

非營利組織要擴大服務範圍，最重要的是有良好的名聲才能募得足夠款項，而良好的名聲通常都由非營利組織的優質服務藉由適當的宣傳而逐步提

升，所以，非營利組織要發展便要將其服務成果展示在世人面前，才能消除捐款者心中的疑慮以獲得捐款。

(3)誠信原則

由於，資訊不對稱的原故，非營利組織的所有活動不一定可以被社會大眾監督與查覺，非營利組織除了要建立制度將其帳戶公開外，最重要的是選擇有誠信之人進入組織中，或是讓有誠信之人擔任要職，由於，非營利組織募志工不易，因此，非營利組織篩選有誠信的志工人員是一個很難堅持的重要原則。

(4)多管道原則

非營利組織要獲得人力與物力有許多管道，例如，政府社福標案、外國同質性基金會的協助、聯合勸募協會的支助、社會大眾的捐款、社會大眾的發票捐獻等，非營利組織的資源募集以採用多管道原則為佳。

第三節 非營利組織的策略規劃

非營利組織要達成「使命」必需描述「願景」設計短期、中期與長期目標，分析社會環境與組織資源和優劣勢，並設計可以達成階段性目標的策略，這一連串措施便是「策略規劃」(Strategic Planning)(如圖3-1所示)，在策略規劃中，管理者會決定組織基本的決策與行動，其會決策組織做些什麼與為何要如此做(彭懷真，2014)。

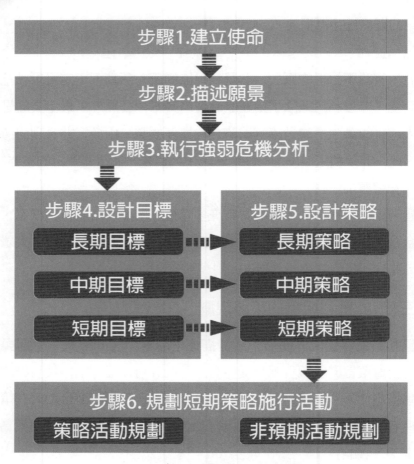

圖3-1. 非營利組織的策略規劃流程

　　在進行組織的策略規劃時，需要分析環境與組織資源和優劣勢，這可使用兩種工具，其一為「強弱危機分析」(SWOT Analysis)，其二為「巨集觀環境分析」(PEST Analysis)。

　　強弱危機綜合分析為一種組織的競爭態勢分析技術，此方法可將組織以內部優勢、劣勢跟外部機會與威脅四種角度探討組織的競爭能力，其可用來判斷一個組織內部與外部的情況並依此制定組織的經營策略(如表3-4所示)。

表3-4. 強弱危機綜合分析矩陣

	組織內部	組織外部
對組織達成目標有益	優勢	機會
對組織達成目標有害	劣勢	威脅

巨集觀環境分析為針對組織分析其在社會環境中之政治、經濟、社會與科技4個構面的整體表現與影響因素，此方法會分析非營利組織在社會環境中的情況、服務潛力與未來營運方向，在巨集觀環境分析中影響中非營利組織的因素請參考表3-5。

表3-5. 巨集觀環境分析中的影響因素

構　面	影響因素
政治因素	政府支持、稅法、地區關係、法律規範
經濟因素	經濟榮景、同質非營利組織數量
社會因素	社會支持程度、社會責任、生活方式
科技因素	社會服務資訊化可能性

資料來源：Cui等人(2007)

強弱危機綜合分析與巨集觀環境分析可以整合成SWOT-PEST分析矩陣，此矩陣可以從各個構面對所要研究的非營利組織進行更細部的分析(如表3-6所示)。

表3-6. SWOT—PEST分析矩陣示意表

		SWOT構面			
		優點	缺點	機會	威脅
PEST構面	政治				
	經濟				
	社會				
	科技				

非營利組織管理者決定短期、中期與長期策略後,便要針對策略規劃策略活動與非預期活動;在策略活動中,管理者需依據短期目標、短期策略與組織現有資源制訂活動,活動會設定執行時間,並分配人力與資源(包括資金與設備),然後設定活動考察標準,在活動執行完成後,非營利組織會在一個周期內(可能是一日、一週、一月、一季或一年)考察各個活動的成效,以進行活動管理並確保可以如期達成非營利組織的目標。

　　非營利組織施行活動有可能會發生「例外事件」以影響目標的達成,此時管理者便要依據其經驗預測其可能會發生的例外事件,並為例外事件備妥因應方案以避免對組織目標造成過多衝擊。

第四節　非營利組織的策略管理

　　非營利組織依據環境、組織資源和組織目標設計策略後,其最重要的任務為依據施行策略執行活動並在特定時點檢討策略之成效,並進行修正。

　　「策略」如同非營利組織的營運計劃書,其會制訂非營利組織應如何「規劃」各種任務與活動、「組織」非營利組織各個部門、「領導」組織成員執行活動並藉此產生績效,非營利組織會在特定時點比較「策略執行績效」與「組織目標」的差距,進而對非營利組織策略進行調整控制,以便管理非營利組織的策略執行績效(如圖3-2所示)。

資料來源:戚樹誠 (2015)

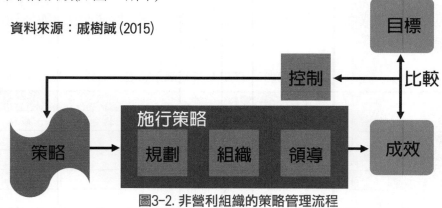

圖3-2. 非營利組織的策略管理流程

　　在施行策略時，規劃、組織、領導與控制是重要的管理程序，「規劃」是針對策略設計相關施行細則(相關內容請參考第3節)，「組織」則是針對策略設計有執行力的組織級別架構，「領導」則是管理者藉由制定規則與其行為使組織成員願意努力達成非營利組織所給予的任務。

　　非營利組織的組織結構為其組織職位的分佈與命令管理模式，其會影響非營利組織的管理與運作績效；組織結構有直線制(Straight Line Structure)、事業部制(Divisional Structure)、矩陣制(Matrix Structure)3種類型，分述如下：

(a) 直線制組織結構

　　直線制為最簡單的組織形式，直線制的特點是組織各級行政單位從上到下實行垂直領導，下屬部門只接受一位上級的指令，各級主管負責人對所屬單位的一切問題負責。

　　直線制組織結構的優點為結構比較簡單、責任分明、命令統一；直線制組織結構的缺點為組織行政負責人需通曉多種知識和技能，最高主管的負荷過重。直線制只適用於規模較小的非營利組織。

(b) 事業部制組織結構

　　事業部制是一種高度集權下的分權管理體制，即非營利組織按地區或按服務類別分成若干個分部非營利組織以進行服務，以紅十字會為例，紅十字國際委員會的總部設於瑞士日內瓦，並在約80個國家有駐外機構。

(c) 矩陣制組織結構

　　在組織結構上，整合按「職能劃分的垂直領導系統」和按「服務活動劃分的橫向領導系統」，稱為矩陣組織結構(如圖3-3所示)，矩陣組織結構中的組織成員可以有彈性的隨活動任務需求進行人員配置，活動結束後受調度人員可以即時解散，所以，矩陣制組織結構具有高彈性的人員配置效率。

募款部門	會計部門	訪視部門	運輸部門
活動負責1			
活動負責2			
活動負責3			
活動負責4			

圖3-3. 矩陣制組織結構示意圖

資料來源：筆者自行設計

領導是組織管理者激勵其成員達成組織目標的行為，領導有「交易型領導」(Transactional Leadership)與「變革型領導」(Transformational Leadership) (Howell和Avolio，1993)，交易型領導強調領導是一種利益交換行為，組織管理者與組織成員之間，存在一個等價交換的無形契約，由組織成員的工作績效交換組織管理者的特定利益，在非營利管理行為中，組織管理者可以給予組織成員的利益有名譽、地位與權力等利益，變革型領導指領導者以使命與願景為圭臬，藉由以身作則的方式勸導組織成員與其一起為非營利組織的使命效力。

舉例來說，部份基金會給與長期志工「獎狀」和「牌匾」以滿足其榮譽感便是交易型領導，甘地以身作則推廣不合作運動以推行其印度獨立的理想便是變革型領導。

專有名詞

使命 (Mission)

願景 (Vision)

目標 (Goal)

短期目標 (Short-term Goal)

中期目標 (Mid-term Goal)

長期目標 (Long-term Goal)

策略 (Strategy)

策略管理 (Strategy Management)

策略規劃 (Strategy Planning)

強弱危機分析 (SWOT Analysis)

巨集觀環境分析 (PEST Analysis)

規劃 (Planning)

組織 (Organizing)

領導 (Leading)

控制 (Controling)

直線制組織結構 (Straight Line Structure)

事業部制組織結構 (Divisional Structure)

矩陣制組織結構 (Matrix Structure)

交易型領導 (Transactional Leadership)

變革型領導 (Transformational Leadership)

是非題

1.(O) 使命是組織存在的目的與追求的價值，非營利組織的使命應包含服務對象、施行服務與產生利益三個要素。

2.(O) 非營利組織訂立目標的主要功能有二，其一是讓組織成員知道自己的工作任務與方向，其二是可以讓組織在特定時間點進行成果檢核。

3.(O) 非營利組織的使命需有價值與獨特性，才不會浪費社會大眾的資源。

4.(X) 非營利組織的營運原則是規模越大越好，才能產生最大的社會效益。

5.(X) 所有非營利組織有優勢與劣勢，但因為其非營利的特性，所以非營利組織沒有威脅。

6.(O) 直線制組織結構適合小型非營利組織。

7.(X) 非營利組織追求公益，所以無法實行交易型領導。

8.(O) 紅十字會是一個事業部制組織結構，並在約80個國家有駐外機構。

選擇題

1.(4) 非營利組織的目標涵蓋範圍為？

(1)小範圍、(2)中範圍、(3)大範圍、(4)以上皆有可能。

2.(3)以下何者不是非營利組織的使命設計原則？

(1)使命需有價值、(2)使命需清晰明確、(3)使命需規模弘大、(4)以上皆是。

3.(4)以下何者不是非營利組織的營運策略原則？

(1)量力而為原則、(2)誠信原則、(3)服務有形化原則、(4)以上皆是。

4.(4)以下何者是非營利組織的資源募集管道？

(1)聯合勸募協會、(2)政府社福標案、(3)社會大眾的發票捐獻、(4)以上皆是。

5.(4)以下何者可當作非營利組織的組織結構？

(1)直線制、(2)事業部制、(3)矩陣制、(4)以上皆是。

問題與討論

1. 請蒐集一間非營利組織(基金會或協會),並說明其使命、願景和短期、中期與長期目標,並分析該組織的使命和願景有無吸引力?

2. 請設計一個使命,但該使命需滿足(a)清晰明確、(b)具備服務目標、服務內容與服務效益、(c)有稀少性和(d)有價值四項特性。

3. 請分析與比較直線制、事業部制和矩陣制3種組織結構的差異。

4. 請使用「強弱危機分析」和「巨集觀環境分析」分析家扶基金會。

5. 以理論上來說,非營利組織的使命需有獨特性才易吸引到足夠的資源,但是現實生活中,許多非營利組織的使命是重疊的且其服務活動亦有相似性,當你所服務的非營利組織與其他的非營利組織的使命重疊時,你有何對策(說法)可以說服其他社會大眾到你所服務的非營利組織從事志工?

小品文欣賞

資源運用的能力

　　大家下棋時，高段位者與低段位者走棋，高段位者可以「讓先」、「讓子」，棋力差距大的話，甚至可以「讓多子」、「讓多步」；由此可知，棋子子粒(資源)的多寡，雖然對下棋的勝負有所影響，但是，真正影響棋局勝敗的關鍵，通常都是棋士資源運用的能力(也稱之為棋力)。

　　不只在下棋時如此，不管是企業、軍事或做任何事情，決定成敗的關鍵因素八成都是在用人，而企業資源只佔事業成敗的一小部份。

　　企業資源對企業成敗影響不大的原因在於，企業資源是隨人所擁有的，每個擁有資源的人都想投資與加盟成功率較大的團隊，因此，一個組織的大小並不是重點，重點在於這個組織有沒有很厲害的英雄領導者與規律嚴謹的制度，當這個組織有競爭力，其便會吸引力「識貨」的英雄與投資者加盟，再加上有競爭力的組織之成功經歷，其便會產生良性循環使組織越滾越大；當然，我們亦可以反過來說，規模龐大的組織，假如，其領導者無能，最終，他所擁有的資源亦會因為看不到希望而逐步離他而去。

　　由此可知，組織領導者與組織人才對組織成敗的影響巨大，所以，我們在觀看電視歷史劇或商業劇時，國王、統帥或企業主首先問的一定是「對手是誰、能力如何、性格如何」，接下來才是問敵我雙方的資源多寡、目前敵我態勢。

　　2016年我們要總統大選，判斷總統的優劣，重點也不是看他的政見

與選舉支票，政見與選舉支票亦會因時制宜，隨著時間而改變。

其實，判斷總統候選人優劣，最重要的是他的品性與施政手段；我只能說，雖然，目前枱面上的候選人都很優秀，但是與跟在商場上進行殘酷競爭的郭台銘、張忠謀等人相比，台灣大企業的領袖人物更適合當總統，只可惜這些一流人才都去從商了。

非營利組織的行銷管理

"In sales, a referral is the key to the door of resistance."

—Bo Bennett, Entrepreneur

「在行銷界，客人的推薦是打開抗拒之門的鑰匙。」 －波·貝內特

第一節 行銷概念與行銷組合

根據美國行銷學會(AMA，American Marketing Association)的定義，行銷管理(Marketing Management)乃是一種分析、規劃、執行及控制的一連串過程，藉此程序以制訂創意、產品或服務的觀念化、訂價、促銷與配銷等決策，進而創造能滿足個人和組織目標的交換活動(陳定銘，2003)。

雖然，一般企業與非營利組織所提供的產品各有差異(企業提供滿足個人的服務、非營利組織提供理念與滿足特定族群的服務)，但是，兩者皆需要行銷才能獲得足夠的資金，而管理學的行銷組合工具亦適用於非營利組織(一般企業與非營利組織的異同，請參閱表4-1)。

表4-1. 一般企業與非營利組織在行銷的異同

		一般企業	非營利組織
相同性	必需性	兩者皆需行銷才能獲得足夠的資金	
	工具適用性	兩者皆可運用產品、價格、通路3種行銷工具	
相異性	推廣方式	使用價格或優惠活動的方式進行促銷	使用駐點、志工宣傳、舉辦活動的方式進行推廣
	產品類型	有形產品與無形服務各半	無形服務為主
	產品成本	低	更低(因為政府會提供租稅補助)
	服務對象	消費者自己	社會特定大眾
	管制性	低 (只受企業經營者監管)	高 (由於資金來源管道多源,所以,非營利組織需面對政府、管理者與捐款者的監督)
	產品提供	以貨幣為主要交換媒介	交換方式多元化,可為貨幣、服務與物資。
	營運市場	有利可圖的市場	市場條件差的市場
	關係人	依賴消費者	依賴消費者與捐款者

資料來源:陸宛蘋,2000;高寶華,2006

以下是行銷組合工具的介紹:

(a) 產品 (Product):

產品為行銷的核心,優良產品無需銷售,因為產品會自己行銷自己(李文欽,2016),在非營利組織中,其產品為非營利組織的理念與為社會大眾的服務,這些服務具有無形性,因此,非營利組織的服務需進行無形服務有形化的活動,例如,勵馨基金會提供各種社會弱勢照護的服務,其除了會把服務過程使用照片呈現出來外,該基金會亦會把各種服務資訊公布在網路上(包括,募款徵信、基金會財報、服務人數統計等內容),以提高該基金會服務的可信度。

(b) 價格 (Price)：

價格為購買產品所需支付的代價(La Croix，1983)，在非營利組織中，其所銷售的是理想與使命，這些有意義的無形服務，其價格與價值並無法以一般的方式進行衡量，而非營利組織的服務代價除了「資金」外、還有「人員勞工」與「物資」等類型，所謂「有錢出錢、有力出力」之謂也；由於，非營利組織的捐款與奉獻勞力活動對於社會具有教化作用(捐款與奉獻勞力活動可強化捐款者與奉獻勞力者的優良品性)，非營利組織對於奉獻者通常都抱持著感恩與金額多寡不拘的態度；最有名的一個行銷例子為，證嚴法師為了舉辦南華大學，它便建立了一座牆，在牆上用細小文字刻著捐款者的名字，每一個名字都可以讓捐款者願意為了這間學校的長遠發展而奉獻心力。

(c) 通路 (Place)：

一般企業會以零售店或是網路商店為零售通道，但是，而非營利組織則會以志工宣傳、網路社群宣傳、在世界各地成立辦事處(例如，佛光山在世界各地成立分會)或是舉辦活動(例如，台灣世界展望會舉辦饑餓30活動)的方式，建立通路以宣傳非營利組織的使命，並藉由獲取非營利組織所需的資源)。

(d) 推廣 (Popularize)：

一般企業對其產品有促銷活動，對於非營利組織來說，則是推廣活動，「企業促銷」是指利用低價或優惠措施吸引消費者購買產品，「非營利組織推廣活動」則是指使用新聞、電子報、月刊(例如，慈濟大愛新聞、家扶電子報、蒲公英希望基金會月刊)來推廣非營利組織的使命。

(e) 夥伴關係 (Partnership)

非營利組織的資源通常較少，非營利組織進行行銷需要成本與時間，非營利組織可透過與其他機構、單位合作，以達到互惠合作的目的；例如，非營利

組織可與銀行「策略聯盟」，銀行推出公益卡其捐款便用以支持非營利組織的公益活動；非營利組織可與一般商店合作，一般商店放置募款箱以協助非營利組織募集所需資金，非營業組織則培訓中老年人或是殘障者的技術以補充一般商店的能力。

(f) 政策 (Policy)

非營利組織可給予政府相關政策建議，對於有公益的規則，可以讓政府制定相關法規加以執行，例如，董氏基金會要求政府制定法規以要求社會大眾不得在公共場所抽煙。

第二節 非營利組織的各種行銷手法

非營利組織有以下5種行銷手法：

(a) 社會行銷 (Social Marketing)

社會行銷是一種透過設計、執行與控制專案的過程，運用行銷的組合(產品、價格、通路、推廣、夥伴關係、政策)與行銷研究，使目標團體接受社會的某些觀念、理想與措施(Kotler和Zaltman，1971)；科特勒亦說「社會行銷為應用行銷的原則與技術影響目標對象，使其自願接受、拒絕、修正或放棄某項行為，進而促進個人、團體或社會整體的福祉」(科特勒和李南西，2007)；以下是各種社會行銷活動：

表4-2. 各個組織的社會行銷行為

組　織	行銷行為
動保團體	認養代替購買活動
政府	喝酒不開車、開車不喝酒政策宣導
慈濟功德會	骨髓捐贈活動
台灣世界展望會	援助非洲兒童與飢餓三十活動

資料來源：各大非營利組織網站

(b) 體驗行銷 (Experiential Marketing)

體驗行銷指通過看、聽、用、參與的手段,刺激消費者的感官、情感、思考、行動等感性因素與理性因素,以協助消費者重新定義思考方式的行銷方法(Tynan和McKechnie,2009);非營利組織的許多使命是為了解決弱勢族群的需求,為了募集所需的人力、物力需要社會大眾有同理心,此時,非營利組織讓社會大眾體驗弱勢者的生活有助於提升其同理心、增強社會大眾從事公益的意願,舉例來說,基督教救世軍協會在北美和紐、澳、英等地舉行「CEO一夜街友活動」、台灣世界展望會舉行「饑餓30活動」、愛盲基金會舉行「盲人體驗活動」,這些體驗活動都可以讓社會大眾產生同理心進而願意從事公益。

(c) 關係行銷 (Relationship Marketing)

關係行銷是一種長期整合性行為,非營利組織以建立、維持和個別社會民眾之間的網路,並經由長期性、互動式、個人化且具附加價值的接觸來連續強化此網路,以維護彼此的利益(Morgan和Hunt,1994);Berry(1983)亦指出:「關係行銷為在多重服務組織中,吸引、維持與提升和顧客的關係」。

由於,非營利組織需要長期穩定的收入來源,非營利組織進行關係行銷,將有助於捐款者維持長期、持久的關係,使非營利組織有穩定的資源來源(Palmate等人,2006)。

關係行銷有「提供個人化接觸」、「建立非人員溝通管道」、「保持服務熱誠」、「增進人際互動」、「管理資料庫」5種策略,分述如下(周逸衡等人,2005):

(1)提供個人化接觸

個人化接觸指非營利組織在捐款者捐助資源之後做進一步的接觸,其目的為希望可以維繫與捐助者之關係,以期望非營利組織能持續獲得捐助,舉例來說,台灣世界展望會會持續提供各種活動訊息於捐助者,慈濟功德會開設許多

培訓活動，其捐助者有接受培訓的權力。

(2)建立非人員溝通管道

非人員溝通管道的方式相當多，包括，網站、E-mail、部落格、電視台與書報雜誌等，其執行需要耗費一定的人力、物力、財力等資源，因此，非營利組織如何選擇最有效的非人員溝通管道以達到最大效果，便是組織管理者最重要的工作。

(3)保持服務熱誠

「保持服務熱誠」指非營利組織藉由規則、激勵或是培育具有優良使命感的組織文化以提升其職工與志工的服務熱誠，藉以增加社會大眾願意持續支持該非營利組織的意願，舉例來說，基督教有要求教友每週需上教會1次的規定，此規定可協助基督徒保持服務眾人的動力；正德社會福利慈善基金會所舉辦的雜誌會公布高額募款有功人員，藉此激勵正德基金會志工認真募款；許多基金會所幫助的弱勢幼童，在其成年後，該受贈人便會成為捐款者以幫助下一個弱勢幼童，此「受益文化」存在許多非營利組織中。

(4)增進人際互動

許多非營利組織會在人潮聚集的地點(例如，火車站、地鐵站或百貨公司門口等地)對人宣傳理念以獲得社會大眾的捐助，或是在學校、公園廣場舉辦各種公益活動，增加其曝光度並提升社會大眾對非營利組織的理解。

(5)管理資料庫

由於，社會大眾的價值觀不同，其所偏好的公益活動亦有所差異，非營利組織如要提升其募款效率，便要仔細蒐集社會大眾的相關資訊(例如，每位志工參與的公益活動、每位捐款者支持的公益項目等)以建立資料庫，並藉由機器學習(Data Mining)的方法提供志工與捐款者符合其公益偏好的訊息，此便是「精準行銷」(Precision Marketing)。

(註：機器學習是設計和分析一些讓電子計算機可以自動學習的演算法，機器學習

可以從資料數據中分析獲得規律，以產生有用的管理資訊，機器學習方法有類神經網路分類機、C5.0決策數、支援向量機等，相關資訊請參閱袁梅宇(2015)、蘇木春和張孝德(2016)的書籍內容)。

(d) 內部行銷 (Internal Marketing)

內部行銷是指非營利組織先說服其成員認同組織使命，並以身作則要求其他社會大眾認同其使命，舉例來說，台灣世界展望會是一個增進兒童福利的組織，其許多組織成員會認同此使命並每月捐款資助兒童，由於此以身作則的行為便帶動其他社會大眾同時參與此義舉。

(e) 善因行銷 (Cause-Related Marketing)

善因行銷指非營利組織與公司企業合作，利用社會大眾的公益心，讓一般民眾在平日購買產品時，也能夠為社會公益盡一份心力，例如，順發3C推「公益型企業」(PublicInterest Enterprise)，其所有的盈餘中20%會回饋給社會大眾以從事公益。

第三節 非營利組織的行銷規劃

「凡事預則立、不預則廢」，行銷企劃(Marketing Planning)是針對非營利組織現有的狀況，對未來的行銷活動發展做出決策，非營利組織要推廣理念，其最重要的工作便是寫出符合實際情況的行銷企劃案，以讓非營利組織了解執行行銷活動時應遵行的方向、施行的步驟與檢驗成效的標準。

行銷企劃書為一份根據(1)組織的使命、願景與目標、(2)組織的資源、(3)環境的變化與情勢、(4)組織使命的特性，所制定的一份針對組織使命的行銷指導方案，該方案可以協助非營利組織成員進行行銷活動、考核活動績效以達成組織的使命、願景與目標；非營利組織行銷企劃書包含企劃概要、組織使命與目標、行銷目標、環境分析、行銷策略、行銷組合方案、財務預算、行銷執行步

驟、評估與控制九大部份(李文欽，2006)，相關細節會在後續進行說明，其範例如表4-3所示。

表4-3. 行銷企劃書範例

企劃名稱：			
一、企劃概要			
二、組織使命與目標			
三、行銷目標			
四、環境分析	現狀		
	SWOT分析	優勢：	
		劣勢：	
		機會：	
		威脅：	
	PEST分析	政治因素：	
		經濟因素：	
		社會因素：	
		科技因素：	
五、行銷策略	市場細分		
	目標市場選擇		
	市場定位		
六、行銷組合方案	產品決策		
	價格決策		
	通路決策		
	推廣決策		
	夥伴決策		
	政策決策		
七、行銷財務預算			
八、行銷組織與執行步驟	行銷組織		
	執行步驟與時程		
九、評估與控制	績效標準		
	查核時程		

一、企劃概要

企劃概要會簡單說明非營利組織的行銷活動所要執行的內容。

二、組織使命與目標

組織使命與目標是組織存在的目的，此列入企劃書中的目的是為了確保，

非營利組織的行銷活動沒有偏離組織的使命；非營利組織的使命與目標內容說明請參閱第三章第一節。

三、行銷目標

行銷目標會簡單說明，此行銷活動所要達成的預期效益，當然此效益可能是多元的，例如，台灣世界展望的「饑餓30活動」其行銷目標有量化的活動參與人數達30000人或募款2000萬以支持國內外饑餓30人道救援活動，或是質化的提高台灣世界展望的知名度等目標。

四、環境分析

環境分析分成現狀、SWOT分析和PEST分析3個部份，現狀用來說出非營利組織目前的狀態，其中包括目前有多少資源(例如，職工與志工人數、現金、土地、設備量，當前每年有多少募款量等)。

SWOT分析會分析非營利組織的競爭優劣勢、PEST分析會分析非營利組織的政經環境情勢，相關內容請參閱第三章第三節。

五、行銷策略

行銷策略會說明非營利組織要達成行銷目標，所選擇的目標市場與行銷活動定位。

由於，每個社會民眾有其公益偏好，所以，非營利組織如要有效率達成其行銷目標應該要進行市場區隔，並針對特定目標群眾進行行銷，才能有「事半功倍」之效果。

根據市場定位理論(Marketpositioning Theory)，組織執行行銷策略可分成市場細分(Segmentation)、目標市場選擇(Targeting)和市場定位(Positioning)3部分，此3部份亦合稱STP理論(STP Theory)，分述如下：

(a)市場細分

市場細分指把社會大眾依人口統計特徵(年齡、性別、職業、收入、教育、家庭人口、家庭類型、家庭生命周期、國籍、宗教、社會階層等)、心理特質(生活方式、個性)、行為特質(時機、追求利益、使用者地位、對公益的態度)將社會大眾分成不同的群體，以當作不同的市場。

(b)目標市場選擇

非營利組織推廣使命時，其行銷活動不一定可以讓所有人產生同理心，且不同群體能提供非營利組織所需資源的能力與意願亦有所差異，例如，以捐款能力來說，收入越高捐款能力越高；以捐款意願來說，收入越低捐款意願越高。

非營利組織應當把社會民眾歸屬於一個特定的群體，稱為特定市場，並經由分析決定非營利組織的目標市場，並根據目標市場決定非營利組織的行銷活動之組合方案、預算與執行步驟。

選擇目標市場一般運用下列兩種策略。

(1)無差別性市場策略

無差別市場策略，就是非營利組織把社會大眾作為自己的目標市場，在一些具有「公共財」性質的公益行銷活動上(例如，環境保護、醫療衛生)，由於，社會大眾所有人皆可享受到「公共財」的服務，因此，以這些議題為使命的非營利組織可以使用「無差別市場策略」進行行銷活動，

(2)差別性市場策略

差別性市場策略就是把整個市場細分為若干子市場，非營利組織並針對不同的子市場，設計不同的行銷活動，以有效推廣組織使命，舉例來說，「中華經典文化教育協會」以推廣中華經典文化為職志，對於國小兒童子市場，教育協會可使用「漫畫」與「卡通」等方式吸引國小兒童學習中華經典，對於國中與高中子市場，教育協會可使用讀經班的教育方式引導學生學習中華經典，對於已經在工作的社會人士子市場，教育協會可使用「管理學」與「中華經典」

結合的方式編輯成管理實用書籍引導社會人仕學習中華經典。

(c)市場定位

市場定位指非營利組織針對不同群體的社會民眾之心理進行行銷活動設計，並企圖讓社會民眾對該非營利組織產生某種形象或某種個性特徵，以保留深刻的印象，從而讓該非營利組織在社會民眾心中產生一定的評價，管理者必需確保行銷活動的市場定位與非營利組織之使命一致；舉例來說，勵馨社會福利事業基金會的使命是致力於社會改造、創造對婦女及兒少的友善環境，其針對全體社會民眾推行反雛妓社會運動、針對相關學者舉辦各種提升女權的研討會(例如，亞洲女孩人權研討會、家事移工販運防治研討會)、針對學生的女權教育提供各種教育活動(例如，【反性別暴力缺你不可】宣導海報設計比賽、【讓愛情呼吸】約會暴力防治-宣導海報設計比賽等)，上述總總行為雖然目標市場不同，但是其皆塑造勵馨基金會關懷與保護婦女的形象與其組織使命一致。

六、行銷組合方案

根據行銷活動目標、組織優劣勢與資源多寡、行銷活動目標市場等資訊，企劃書撰寫者便可以開始制訂此行銷活動的行銷組合方案，其共有6個方案決策，分別為產品決策、價格決策、通路決策、推廣決策、夥伴決策、政策決策，內容說明請參閱第四章第一節。

七、行銷財務預算

企劃書撰寫者必需估計舉辦行銷活動所需花費的預算。

八、行銷組織執行步驟

企劃書撰寫者必需設計行銷活動施行時的各個步驟，每個步驟還必需詳列施行時間(區間)、施行預算、施行困難點和施行流程圖。

九、評估與控制

企劃書撰寫者必需設計在各個階段的行銷活動執行完後，行銷活動績效評估的時點與評估標準，相關內容請參閱第十章。

專有名詞

行銷管理 (Marketing Management)

產品 (Product)

價格 (Price)

通路 (Place)

推廣 (Popularize)

社會行銷 (Social Marketing)

體驗行銷 (Experiential Marketing)

關係行銷 (Relationship Marketing)

內部行銷 (Internal Marketing)

善因行銷 (Cause-Related Marketing)

機器學習 (Data Mining)

精準行銷 (Precision Marketing)

公益型企業 (PublicInterest Enterprise)

行銷企劃 (Marketing Planning)

市場定位理論 (Marketpositioning Theory)

STP理論 (STP Theory)

市場細分 (Segmentation)

目標市場選擇 (Targeting)

市場定位 (Positioning)

市場策略 (Market Strategy)

是非題

1.(O) 行銷管理乃是一種分析、規劃、執行及控制的一連串過程,藉此程序以制訂創意、產品或服務的觀念化、訂價、促銷與配銷等決策,進而創造能滿足個人和組織目標的交換活動。

2.(X) 非營利組織的行銷組合工具有產品、價格、通路、促銷4種。

3.(O) 非營利組織的服務交換方式相當多元化至少有貨幣、服務與物資3種。

4.(O) 一般企業和非營利組織的服務對象有所差異,非營利組織以社會大眾為服務對象,一般企業的服務對象通常是消費者本身。

5.(X) 一般企業的管制性高於非營利組織。

6.(O) 非營利組織公布募款徵信、基金會財報、服務人數統計等內容有助於提升其服務可信度。

7.(O) 非營利組織的服務代價除了「資金」外,還有「人員勞工」與「物資」等類型。

8.(X) 「非營利組織推廣活動」指利用低價或優惠措施吸引消費者購買產品。

9.(O) 非營利組織可與銀行「策略聯盟」,銀行推出公益卡其捐款便可用以支持非營利組織的公益活動。

10.(X) 善因行銷為應用行銷的原則與技術影響目標對象,使其自願接受、拒絕、修正或放棄某項行為,進而促進個人、團體或社會整體的福祉。

11.(O)體驗行銷指通過看、聽、用、參與的手段,刺激消費者的感官、情

感、思考、行動等感性因素與理性因素，以協助消費者重新定義思考方式的行銷方法。

12.(O) 非營利組織需要長期穩定的收入來源，非營利組織進行關係行銷，將有助於捐款者維持長期、持久的關係，使非營利組織有穩定的資源來源。

13.(O) 社會大眾的價值觀不同，其所偏好的公益活動亦有所差異，非營利組織如要提升其募款效率，便要仔細蒐集社會大眾的相關資訊。

14.(X) 「公益型企業」，其所有的營業收入中20%會回饋給社會大眾以從事公益。

15.(O) 善因行銷指非營利組織與公司企業合作，利用社會大眾的公益心，讓一般民眾在平日購買產品時，也能夠為社會公益盡一份心力。

16.(O) 根據市場定位理論，非營利組織執行行銷策略可分成「市場細分」、「目標市場選擇」和「市場定位」3執行步驟。

17.(O) 市場細分至少有依人口統計特徵、依心理特質、依行為特質3種分類方法。

18.(O) 無差別市場策略，就是非營利組織把所有社會大眾當作自己的目標市場，此適合於有「公共財」性質的公益行銷活動上。

19.(O) 機器學習技術可用於發展「精準行銷」。

選擇題

1.(2) 以下哪些不是非營利組織的行銷組合工具？

 (1)價格、(2)促銷、(3)通路、(4)以上皆是。

2.(4) 以下哪些是非營利組織的行銷手法？

 (1)善因行銷、(2)關係行銷、(3)內部行銷、(4)以上皆是。

3.(4) 以下哪些是市場定位理論的施行內容？

 (1)市場細分、(2)目標市場選擇、(3)市場定位、(4)以上皆是。

4.(4) 以下哪些是體驗行銷手法？

 (1)北美和紐、澳、英等地舉行「CEO一夜街友活動」、(2)台灣世界展
 望會舉行「饑餓30活動」、(3)愛盲基金會舉行「盲人體驗活動」、
 (4)以上皆是。

5.(3) 以下哪些不是關係行銷手法？

 (1)提供個人化接觸、(2)「管理資料庫」、(3)「獎勵志工有功人
 員」、(4)以上皆是。

6.(4) 以下哪些是非人員溝通管道？

 (1)電視台、(2)書報雜誌、(3)部落格、(4)以上皆是。

問題與討論

1. 請對下列5種行銷手法各列舉一例？

(a)社會行銷(Social Marketing)

(b)體驗行銷(Experiential Marketing)

(c)關係行銷(Relationship Marketing)

(d)內部行銷(Internal Marketing)

(e)善因行銷(Cause-Related Marketing)

2. 名詞解釋

(a)推廣(Popularize)

(b)機器學習(Data Mining)

(c)精準行銷(Precision Marketing)

(d)公益型企業(PublicInterest Enterprise)

(e)STP理論(STP Theory)

3. 請為「中華經典文化教育協會」設計一個推廣東南亞華人國小學生讀經的企劃案。

4. 請為「惠光導盲犬教育基金會」設計一個推廣社會大眾認養幼犬與退休犬的企劃案。

非營利組織的公共關係

"Noman is an island"　　　　　　　　　　　　　　-JohnDonne

「沒有人是孤島」　　　　　　　　　　　　　　　－約翰‧唐恩

第一節　公共關係的重要性

公共關係是制定制度與政策以獲得公眾的接納和諒解的管理功能，公共關係是管理工具、傳播工具亦是一種行銷工具，採用雙向溝通方式，使非營利組織的使命能與特定大眾的需求與興趣互相配合(呂秀琴，2002)，組織要發展無法避免要與各種各樣的組織與人員聯繫和交往，建立和維護組織與公眾之間的互利互惠(Mutually Beneficial)關係、才能為組織樹立良好形象以促進組織的發展。

公共關係有以下2種功能：

1. 樹立組織信譽，建立良好的組織形象

信譽指組織在社會上的威信與影響力、在社會大眾心目中的地位、形象、知名度；在資訊不對稱的環境下，非營利組織的信譽可讓社會大眾放心將資金捐贈到該組織，而不用擔心捐款被盜用或是無效率的運用；在公益活動上有優良信譽的非營利組織亦容易招募到志工，其發言人所表達的意見易容易獲得政府與輿論的支持。

2. 協調糾紛，化解組織信任危機

隨著非營利組織規模的擴大，非營利組織難免會因為管理不當或是決策過

失造成錯誤而發生各種不利於組織形象的事件(例如，組織成員盜用公款、不符合環保法規的公益用地開發事件等)，一旦發生這類事件，非營利組織將面對一個充滿敵意與冷漠的輿論環境，此時，非營利組織必需有一個嚴謹與負責任的說法才能化解社會大眾的不滿與疑慮，舉例來說，華山基金會曾經發生組織成員短發老人救助金卻高額報帳的事件，對此事件華山基金會便負責任地改善其「老人救助金」的發放流程，並藉由其公關人員對外加以說明以贏回社會大眾的信任。

非營利組織普遍都認知公共關係的重要性，但是，非營利組織的公共關係事務普遍表現不佳，其原因有以下3點：

(a)缺乏資源(Lack of Resources)：

大多數非營利組織的規模、人力、經費資源有限，只有大型非營利組織有能力雇用職工從事公關工作。

(b)負面經驗(Negative Experiences)：

台灣的社會對他人不寬容，新聞媒體又普遍要用很負面的角度進行報導以獲得收視率，非營利組織領導人許多都被媒體批評過或吃過不少虧，因而，非營利組織普遍排斥媒體。

(c)毫無經驗(Inexperience)：

許多非營利組織組與其成員缺乏公共關係之經驗。

所有，身為非營利組織的成員，學習公共關係的相關內容有其必要性。

第二節　公共關係的構成要素與基本特徵

公共關係的構成要素有「社會組織」、「公眾」、「傳播」3要素，分述如下：

(a)社會組織(Social Organization)

一般學者皆認為營利性組織、非營利性組織、公共性組織與互利性組織皆

需管理公共關係，此4種組織之說明如表5-1所示：

表5-1. 4種需要公共關係的組織

組織	公共關係的組織
營利性組織 （Profit Organization）	營利性組織為以營利為目的，追求經濟利益最大化的組織，例如一般企業、金融機構、保險公司等。
非營利性組織 （Non-Profit Organization）	非營利性組織不以盈利為目的，而以達成服務對象之利益為使命目標，包括教育單位、醫院、慈善機構等。
公共性組織 （Public Organization）	公共性組織為替整個社會公眾服務的組織，如政府機關、治安機關、消防部門、軍事單位等。
互利性組織 （Mutual Benefit Organization）	互利性組織為以組織內部成員間互相獲得利益為目標的組織，包括工會組織、學會、讀書會、互助會。

資料來源：林淑馨，2008

(b)公眾(Public)

公眾為組織的溝通對象，組織的溝通對象不一定是指所有的社會大眾，而是指會對組織產生相互影響、相互作用的群眾，舉例來說，臺灣化粧品科技學會其溝通對象為化粧品業者、化粧品研究專家與使用化粧品的女性，這3類人成為臺灣化粧品科技學會的公眾為其要互相溝通的對象。

(c)傳播(Spread)

傳播為組織透過傳播媒體向公眾進行資訊與觀點的傳遞和交流，其目的是通過雙向的交流與溝通促進公共關係的主體與客體(組織與公眾)之間的了解、產生好感與共識、促進合作；公共關係傳播方式有人際傳播、組織傳播、大眾傳播、網路傳播4種形式，分述如下：

(1) 人際傳播 (Interpersonal Communication)

人際傳播指人員用口耳相傳的方式對親朋好友進行組織的評價，此方法的優點是無成本、傳播信度高，此方法的缺點是傳播範圍小、傳播速度慢。

(2) 組織傳播 (Organizational Communication)

組織傳播指組織成員之間、組織內部機構之間的資訊交流和溝通，組織傳播是由各種相互依賴的關係結成的網路以進行資訊交流的過程，組織傳播可清除或減少組織與組織成員對自身環境的不確定性。

(3) 大眾傳播 (Mass Communication)

大眾傳播指組織利用廣播、電影、電視、報紙、雜誌、書籍等大眾媒介向社會大眾傳送資訊與知識的過程，早期大眾傳播只能單向溝通，目前發展到可以進行雙向溝通。

(4) 網路傳播 (Network Communication)

網路傳播指非營利組織利用部落格、網路社群與網站等工具，向社會大眾傳送資訊與知識，而社會大眾亦可將其意見傳達給非營利組織知曉，藉由此雙向溝通機制，可以提高非營利組織的知名度與維護非營利組織的良好形象。

社會組織、公眾與傳播三者的關係如圖5-1表示：

圖5-1. 社會組織、公眾與傳播三者的關係

資料來源：蕭新煌 (2009)

非營利組織維持公共關係有以下5點原則(劉淑瓊，2004)：

1.形象至上

建立和維護非營利組織的良好形象是公共關係活動的根本目的，此形象必需與非營利組織的使命進行聯結，非營利組織的使命可根據公眾、社會的需要進行變化，及時調整和修正非營利組織的使命與服務內容以維持非營利組織在社會上的存在價值，畢竟，失去了社會公眾的支持和理解，非營利組織也就沒有存在的意義。

2.溝通為本

溝通是非營利組織了解社會需求的主要方法，只有運用各種管道了解社會大眾的生活現況，非營利組織才能調整其使命以符合社會需求，並讓社會大眾支持非營利組織的使命，才能集眾人之力從事有益於社會的事業。

溝通有一個重要的原則，溝通必需基於互相尊重，非營利組織和公眾之間必需要平等自願，雙方才能暢所欲言，非營利組織才能有效傳播使命並從公眾獲得有用的資訊回饋。

3.互惠互利

在社會上，每個個人或每個組織都有其目標，不同個人或不同群體的目標之間可能有交集、可能不相干亦可能有衝突，非營利組織要達成自己的使命不能只單純考慮自己的活動，亦必需考慮其他人的目標，不然，非營利組織推行活動時，可能會受到有衝突利益的個人與組織的阻礙；非營利組織在互惠互利的原則下設計並推行活動，有助於非營利組織的活動順利推展。

非營利組織要遵循互惠互利的原則，其首要障礙就是要昇華其「本位主義」的思想，畢竟每個個人或組織都有其價值觀，特定非營利組織的使命，在其他個人或組織的心中並不是最重要的。

4.真實真誠

美國總統林肯說：「你可以在某一時刻欺騙所有人，也可以在所有時刻欺

騙某些人，但你絕對不能在所有時刻欺騙所有人。」真實真誠是組織維持形象與長遠發展的基礎，在資訊不對稱的今日，社會大眾都會經由長期的觀察才會信任特定組織或人的言行舉止，這種信任有可能在非營利組織發生一件嚴重過失就破壞掉長期建立的優良形象，所以，非營利組織培養「真實真誠」的組織文化，才能在非營利組織發生嚴重過失時，快速的面對問題以進行補救。

5.長遠觀點

公共關係的建立通常皆不是一蹴可及，非營利組織需要與公眾協調溝通、樹立組織形象、並建立互惠互利關係，然後才能改變公眾的態度，所以說，非營利組織在社會大眾心中的形象需要長久的時間才能形成，這需要非營利組織成員不忘初衷的長期努力，才有可能讓非營利組織建立良好形象與優質公共關係。

第三節 非營利組織的突發事件處理

非營利組織要建立形象與信譽要很長久的時間，但是珍貴的信譽要毀於一旦，只要一次未妥善處理的突發事件即可，因此，任何非營利組織必需要預先準備好突發事件的標準作業程序(Standard Operation Procedure，SOP)，以因應可能發生的突發事件。

(註：標準作業程序指對特定事務所設計的處理程序)。

非營利組織在處理突發事件時，有以下4個原則(王振軒，2006)：

(1) 統一發言

台灣許多新聞媒體為了自身的收視率會對非營利組織的突發事件加油添醋，此時，非營利組織的成員如果胡亂發言，會讓事仵問題朝惡化的方向發展，因此，非營利組織得慎選發言人，並由專業發言人對外統一口徑發言，而非營利組織成員則保持「沉默是金」的原則避免事態擴大。

(2) 即時處理

許多突發事件如果不當下立即處理會造成許多流言，隨著事態發展會產生許多假負面消息，並嚴重影響非營利組織的形象與民眾捐款的意願，所以，突發事件發生當時，非營利組織管理階層就應研擬對策立即處理，如此除可消除負面影響，對外亦可展示非營利組織的管理效率。

(3) 建置預防對策

對於許多事件，公眾在乎的除了事件如何妥善處理，公眾更在乎如何預防相同事件再次發生，所以，非營利組織可藉由突發事件改善其管理流程，進而提升公眾對該非營利組織信心。

(4) 放棄本位主義

許多突發事件之所以無法立即處理的主因在於，非營利組織與其他組織或社會大眾有利益衝突，雙方互不退讓所導致；此時非營利組織應抱持一個心態，非營利組織既是從事公益活動，就不應與其他人爭利，如有與其他組織或社會大眾有相持不下之情形，應退一步海闊天空，延緩非營利組織的公益進度以維持非營利組織與公眾的關係和諧。

非營利組織的突發事件處理流程如下：

步驟1：針對特定事件成立處理小組處理事件。

步驟2：由發言人公佈事件處理結果。

步驟3：研擬事件預防流程，以避免相同事件再次發生。

專有名詞

互利互惠 (Mutually Beneficial)

社會組織 (Social Organization)

公眾 (Public)

傳播 (Spread)

人際傳播 (Interpersonal Communication)

組織傳播 (Organizational Communication)

大眾傳播 (Mass Communication)

網路傳播 (Network Communication)

營利性組織 (Profit Organization)

非營利性組織 (Non-Profit Organization)

公共性組織 (Public Organization)

互利性組織 (Mutual Benefit Organization)

標準作業程序 (Standard Operation Procedure)

是非題

1.(O) 信譽指組織在社會上的威信與影響力、在社會大眾心目中的地位、形象、知名度,非營利組織有良好信譽容易獲得捐款與容易招募到志工且容易獲得政府與輿論的支持。

2.(X) 大型非營利組織的公共關係事務普遍表現不佳有缺乏公關資源、公關交流負面經驗和毫無公共關係管理經驗3個原因。

3.(X) 廣播、電影、電視、報紙、雜誌、書籍等皆是大眾傳播工具,這些工具的缺點是只能單向溝通。

4.(O) 化粧品業者、化粧品研究專家與使用化粧品的女性皆為臺灣化粧品科技學會的「公眾」。

5.(X) 人際傳播指用口耳相傳的方式對非營利組織進行評價,此方法的優點是無成本、傳播速度快,此方法的缺點是傳播信度低。

6.(X) 非營利組織的突發事件如果不當下立即處理會造成許多流言與消息,並民眾捐款的意願可因知名度提高而上升。

選擇題

1.(4) 以下哪些是公共性組織？

(1)警察局、(2)消防局、(3)鄉公所、(4)以上皆是。

2.(2) 以下哪些不是互利性組織？

(1)讀書會、(2)廟會、(3)工會、(4)以上皆是。

3.(4) 以下哪些是非營利組織維持公共關係的原則？

(1)溝通為本、(2)互惠互利、(3)長遠觀點、(4)以上皆是。

4.(2) 一般大學是下列那一種組織？

(1)營利性組織、(2)非營利性組織、(3)公共性組織、(4)互利性組織。

研究個案

慈濟內湖保護區開發案爭議事件

　　1997年起慈濟基金會於臺北市內湖保護區籌設「社會福利專區」，並變更保護區之土地使用類型，慈濟預計要在保護區內蓋國際志工大樓(園區)以推展志業。

　　由於變更保護區土地使用，大規模開發可能危害內湖保護區生態地質、破壞滯洪排水功能以威脅鄰近居民安全，當地居民與另一環境保護組織-「台灣綠黨」便起而反對，此後引發內湖區居民長期與慈濟進行抗爭；內湖保護區開發案的發展史如下：

年份	內　容
1997年	慈濟基金會於臺北市內湖區保護區籌設「社會福利專區」。因需變更保護區之土地使用，大規模開發恐危及生態地質與鄰近居民安全，破壞滯洪排水功能；引起當地居民和台灣綠黨之反對，他們認為該開發區為「綠手指上的灰指甲」。此後引發內湖區居民長期與慈濟進行抗爭。
2001年	納莉風災，大雨導致淹水共奪走5條人命，慈濟基金會暫緩申請。
2005年2月	慈濟基金會再度提出申請計劃，希望將4.48公頃大湖里保護區變更為「社會福利特定區」。據都市計畫書內容，在基地內建蔽率35％，保留65％的開放空間，規劃興建社福、志工發展中心大樓。
2005年6月	臺北市政府組成內湖慈濟開發案專案小組，進行討論。自該年7月8日起至次年12月4日止，共舉行7次專案小組會議，最後決議將此案移交台北市都市計畫審議委員會大會審議；在2007年6月14日及7月13日的兩次討論會中，均被要求退回補充內容。

2013年1月	內湖保護區守護聯盟在30輛公車車體登廣告，引起慈濟基金會不滿；同月15日，慈濟召開記者會呼籲立即撤下「違法」的車廂廣告，理由是「慈濟認為廣告造惡業」。內湖保護區守護聯盟理事長李日進表示，可能因為受到強大壓力，公車廣告代理商來電告知，已確定必須立即下架他們籌募資金所刊登的廣告。
2013年3月	臺北市政府3月14日舉行第8次專案小組會議，最後決議委託專家精算環境容受力，提出精確的研究報告與數據後，再重開專案小組會議討論。
2013年11月	臺北市政府舉行第9次專案小組會議，最後建議提兩種計畫方案送都委會審議，第一案是將此變更案併入內湖通盤計劃檢討，第二方案則是先將主要計畫送內政部審議，細部計畫則送環評審查。
2014年6月	臺北市都發局向都委會報告「臺北市保護區變更處理原則」，在變更原則中明列，為發展文化、教育、慈善等公益需求，可檢討變更為特定專用區，此舉遭環團抨擊是為內湖慈濟及薇閣國小保護區變更案護航。 今早環保團體數十人前來聆聽報告爭取發言，呼籲都委會委員將該處理原則刪除，以免大開保護區後門，成為財團或特定團體覬覦品。最後都委會委員會決議刪除此原則，要求北市都發局在3至6個月完成全市保護區的檢討調查及處理原則，再提都委會委員會審議。
2014年10月	台北市都市計畫委員會召開「內湖區都市計畫通盤檢討」審查會議，其開會訊息遲至13日下午才公開，並強調不邀請陳情人或相關團體列席旁聽、不提供登記發言，引發不滿。樹黨黨員陳家宏甚至拿起滅火器狂噴，導致會議被迫中止。 10月16日，針對保護區通盤檢討的「全市性保護區處理原則」專案小組會議，同意兩位環保人士潘翰聲、洪美惠擔任府外委員。
2014年12月	台北市長柯文哲以台北市人口不會再增加，不需要再跟自然爭地、開發破壞為理由反對此案。
2015年2月	因台北市長柯文哲一句「很奇怪」，引發釋昭慧法師與眾人連番論戰，再度引起話題
2015年3月	熱議二十多日後，慈濟於3月16日在花蓮靜思堂開記者會，宣布撤回內湖開發案申請。

個案問題與討論

1. 慈濟開發內湖保護區成志工發展中心大樓是一件提升其公益能量的義舉，但是此行為會影響當地的環境生態，你認為應該執行嗎？

2. 根據此個案，你認為慈濟與周圍相關人員與組織(政府、環境團體、民眾)的關係如何，慈濟應如何改善與周圍團體的關係？

3. 慈濟有強烈的公益心，但當自身的公益行為與其他團體的價值觀衝撞時，慈濟需放下自身的本位主義才能往前發展，但這過程慈濟經過了長遠的掙扎才放棄，假設你是慈濟的管理階層，你會如何快速協助自己與組織成員調整心態？

4. 慈濟應如何做才能讓自己的內部發言口徑一致，避免爭議事件過度延燒？

大里不動產的公共關係哲學

在日本，有一家「大里不動產」，位在千葉縣大網白里市，員工數僅約50名，規模不算大，但員工一大早上班，不是先進辦公室，而是到白里市的車站、街道集合，先掃地再說。

有的員工主動穿上指揮交通的服裝，疏散家用車不要開進公車道，避免公車無法進站，造成路段塞車。另外幾批員工，則換上清掃服裝，按街道順序，一條街一條道沿路掃乾淨。

大里不動產的員工一開始做這些事情時，該區域的居民都心生懷疑「到底他們意有何圖？」為什麼沒事不像別家不動產那樣發傳單、推薦房屋租售就好，而是要掃街道維護居家整潔，甚至後來還辦社區活動，把公司會議室當作社區教室，邀集鄰里鄉親一起跳早操舞。

我拜訪這家企業前，也是充滿好奇，因為包括鄰里街道清掃之外，員工一早進辦公室，還要花30分鐘打掃辦公室，甚至把鄰里活動排出日程表，每天要掃哪些街道，要辦哪幾場文藝交流活動等，全部就像公司會議行程表，被詳細地刊載出來，員工工作時間有超過四成，幾乎都在掃地或參加鄰里活動。

大里不動產創辦人野老真理子的企業核心理念，是「解決地方課題，是經營者的職責」，她說一開始做社區活動、清掃時，居民乜很冷漠，覺得這家新公司葫蘆裡不知賣什麼藥？並不是太熱衷理會他們。

野老真理子則認為真心不騙，只要是發自真心對待居民、愛護企業所在地的環境，一定可以讓大家感受到他們的「誠意」。也就這樣，每天掃地、每週

辦鄰里活動、一年辦了283場地方活動，終於打動居民。自此大里不動產儼然成為該地區居民的交誼站，對大里的員工不像是客戶關係，反倒成為朋友般時常噓寒問暖，生意也總是「自動找上門」。

　　講這麼一段故事，要凸顯的是，「共好」這兩個字的實際含義。

　　當企業誠心為客戶著想，先讓客戶好；客戶絕對感受得到，等時機成熟也會有所回饋，這是人與人相處很自然地互動。且當經營者用真心在做對社會有益的事，員工跟著親身執行，久了就養成了習慣；因為天天掃地，員工自然而然就知道要保持環境乾淨，在公司如此，在鄰里走動時也如此。

　　共好的架構，包括顧客、員工、企業、地方四方都好，進而成為地方貢獻與企業永續經營的正向循環。共好也是從內而外的善念展現，絕不只是自己好而已，而是別人也要一起好。

摘錄自－商業發展研究院董事長徐重仁，《共好不能自己好就好》

個案問題與討論

1. 企業可以藉由公益行動，提升其名聲與商業機會，對於非營利組織而言，要執行自己的公益使命亦必需協助其他組織的公益活動，才能讓自己廣結善緣做事順利，你認為非營利組織於「推廣組織活動」和「增進周圍公共關係事務」此兩項活動上，其時間應如何分配？

2. 假如，非營利組織已花費大量時間於促進本身組織與周圍組織的公共事務之關係上，但是非營利組織的公關行為並沒有在短期內立見成效，假如你是管理者，你會如何說服組織成員繼續堅持下去？

3. 你對這則個案有無其他的心得啟示？

小品文欣賞

五形命理學的啟示

中國古老的命理學中，人一生受出生的年月日時的影響，此一出生時間，形成「八字」，此八字會說明此人的性格、心理與一生的運勢和吉兇禍福，姑且不論這是不是一種迷信，但是，這一套命理哲學的背後，確實有一些可以讓我們思考的哲理。

五形的相生相剋觀：中國的五形中，金、木、水、火、土彼此會相生相剋，其實，人與人的關係也是相生相剋的關係，其關係可以簡化為5種關係(1)我幫助別人[我生人]、(2)別人幫助我[人生我]、(3)我壓迫別人[我剋人]、(4)別人壓迫我[人剋我]、(5)我與別人無關；對我們每個人而言，其他人皆可分成此5種群體，此一分析概念可以用在所有的人事物上；以企業來說，

(1)我幫助別人：

「特定企業」所投資與輔助的其他組織單位。

(2)別人幫助我：

其他組織單位對「特定企業」的投資與輔助。

(3)我壓迫別人：

「特定企業」與其他競爭企業相比，具有競爭優勢導致「特定企業」的成長會導致其他企業的損失。

(4)別人壓迫我：

「特定企業」與其他競爭企業相比，具有競爭劣勢導致其他企業的成長會導致「特定企業」的損失。

(5)我與別人無關：

與「特定企業」無商業關係的其他組織單位。

現實生活中，一間企業的未來可以從這五個構面進行觀察，

(1)「特定企業」幫助其他企業的投資越多，代表「特定企業」可預期有更多的業外收入。

(2)其他企業幫助「特定企業」的投資越多，代表社會上的人或企業對「特定企業」的看好程度。

(3)「特定企業」與其他競爭企業相比具有競爭優勢的家數越多，則「特定企業」越可能擴展商業版圖進而成長。

(4)「特定企業」與其他競爭企業相比具有競爭劣勢的家數越多，則「特定企業」本身的商業版圖非常可能逐步萎縮，商業前景不樂觀。

(5)與「特定企業」無商業關係的其他組織單位越多，代表與「特定企業」無關的異質市場越大，「特定企業」假如可以有好的商業創意，未來或許可以跟這些異質市場的組織單位進行策略聯盟。

用五形的概念可以觀察一家企業的未來，同理，一個國家、一間學校、一種生物的生存競爭態勢，也可以用五形的概念進行分析，大家可以試試看。

非營利組織的人力資源管理

企業最大的資產是人　　　　　－日本經營之神松下幸之助

Humanis the best asset for enterprise　-The god of business in Japan(Matsushita)

第一節　人力資源管理的定義

「人力資源管理」(Human Resources Management)指企業對其組織內所有的人力資源進行開發(Development)、活用(Utilization)和維持(Maintenance)所進行的規劃、執行與控制的過程(黃英忠，1997)。

在傳統的組織中，一般是進行「人事管理」(Personal Management)，人事管理指一般組織例行的招募、任用、訓練、考勤、薪酬等所有人事相關活動(林淑馨，2008)，人力資源管理與人事管理的差別在於組織將人力視為「有價值的資源」還是「用過即丟的工具」，在人力資源管理中，人力會進行各種潛能開發以應付組織的需求，除此之外，人力資源管理亦注重人力的長期發展，人事管理和人力資源管理的比較如表6-1所示。

表6-1. 人事管理和人力資源管理的比較

	人事管理	人力資源管理
組織態度	用過即丟的工具	有價值的資源
勞資關係	對立形態	合作形態
溝通對象	勞方	勞資雙方
重點	績效評估	人力發展
活動	靜態	動態
角色	例行角色	多變角色

資料來源：陳怡君，2005；林淑馨，2008

第二節 人力資源管理的任務

人力資源管理的任務是為組織求才、用才、育才與留才，其主要任務是招募、發展、運用與維持(Schuler和MacMillan，1984)；黃新福和盧偉斯，2007)，分述如下：

(1) 人力招募

人力招募指組織經由組織規劃，設計相關職位並對相關職位進行工作分析與設計，並藉此招募與評選人才；人力招募有組織規劃、工作分析、人力招募和人才評選4大程序。

(2) 人力發展

人力發展指組織針對內容成員進行培訓使其可以逐步承擔更多類型或更重大的任務，以充實組織的競爭力。

(3) 人力運用

人力運用指組織依組織成員特徵與屬性調派其從事適任的工作，並藉由績效考核激勵組織成員，以讓組織成員願意協助達成組織的使命。

(4) 人力維持

人力維持指管理者藉由各種薪資制度與獎懲方式協助組織留住人才。

第三節 非營利組織的人力招募

非營利組織進行人力招募有組織規劃、工作分析、人力招募和人才評選4個流程必需加以執行，相關內容分述如下：

(1) 組織規劃

組織規劃(Organization Planning)指組織依其使命並根據其資源與組織目標設計其職務配置架構(組織結構)，非營利組織的組織結構請參閱第3章第4節。

(2) 工作分析

工作分析(Work Analysis)指組織分析特定職位的工作職責、工作內容、工作方法等相關資訊，設計特定職位的工作說明書(Job Description)和工作規範(Job Specification)以利組織進行後續人力招募、評選、訓練與績效評估(張緯良，2012)。

「工作說明書」為一份說明特定職務之工作職責、工作內容、工作方法與工作條件的文件，其一般皆會包括下列內容(張緯良，2012)：

(A)工作識別(Job Identification)

工作識別內含職稱、所屬部門等資訊，主要說明該職務在組織中的位置。

(B)工作摘要(Job Abstract)

工作摘要內含工作內容，主要說明該職務在組織中所需從事的活動。

(C)關係與職責(Relationships and Responsibility)

關係與職責主要說明該職務在組織中與其他職員的關係與所需負擔的任務，其關係包括主屬上司、合作同事、管理部下與職務監督考核人員，職責則指該職務所需承擔的責任。

(D)績效標準(Standard of Performance)

績效標準主要說明該職務的工作考核方法與工作績效評估標準，此標準會決定所錄用的職員，今後努力的方向與績效處罰的評判標準。

(E)工作條件(Work Condition)

工作條件指特定工作的施行標準(例如，政府施行1週強制休假1日，職員在例假日可以不工作為其工作條件)。

「工作規範」指規範特定職位所需要的學經歷、考試證照與特殊條件(例如，特定工作優先錄用殘障人士)。

以下是工作說明書範例：

表6-2. 工作說明書範例

所屬部門	XXX基金會管理處	職稱	秘書
工作內容	1.擔任執行長秘書，協助處理國內外公私庶務及主管交辦事項。 2.與XXX關係企業之往來聯繫。 3.隨行主管外出洽公，並可配合國內外出差之安排。 4.負責主管工作行程之規劃安排。 5.具備速記能力，製作會議記錄並追蹤處理決議事項。 6.負責追蹤稽核及件執行狀況，隨時掌控進度，專案推動與時程控管。 7.執行專案改善、稽核或督導。		
上司	陳XX	直接管理人事	不需負擔管理責任
績效標準	由陳XX直接考評		
工作條件	周休2日，不強制加班。		
工作規範	學歷	大學以上	
	經歷	工作3年以上	
	證照	托福600分以上 日語檢定N2以上	
	其他條件	1.機動性高，可彈性配合夜間及假日加班或公出。 2.具備行政文書處理及溝通協調能力。 3.抗壓性夠,勇於挑戰。	

(3) 人力招募

職位招募有「內部升遷」(Internal Promotion)和「外部遴選」(External Selection)2種模式，這2種模式的優缺點如表6-3所示：

表6-3.「內部升遷」和「外部遴選」的優缺點

	內部直升	外部遴選
優點	1. 組織成員了解內部程序，可縮減職務摸索期。 2. 組織成員有暢通的升遷管道，可增加組織成員工作士氣。	1. 可以從外部觀察組織，並提供特定組織特殊看法，以讓組織了解其盲點。 2. 可以使組織從人力市場中獲得最優秀的人才。
缺點	1. 受內部組織文化影響無法看出組織內部問題。 2. 對於組織內部問題，受限於組織惰性，亦不願意對組織問題進行改革。	1. 無法快速融入組織團隊中。 2. 組織成員易抗拒外部成員的領導。 3. 缺乏足夠資訊評估外部成員的實際能力，雇用外部成員需承擔「雇用風險」。

(4) 人才評選

人才評選是組織很重要的關卡，因為，組織每任用錯誤人才一次通常就是代表十幾萬到幾十萬的薪資損失(從聘用到離職期間)，人才評選通常分成3部份：資格審查、現場考試、面試，越重要的職位面試關卡越多。

人才評選需注意「資格過符」(Over Qualify)的現象，資格過符指應徵者的條件與職務要求的條件相比過於優秀，此時必需考量放棄此過於優秀的應徵者，主因為過於優秀的應徵者容易跳巢到其他組織反而會造成組織的不穩定。

第四節 非營利組織的人力發展

非營利組織聘用組織成員很難可以錄用到一開始就能完成「適任」所屬職務的「即戰力」員工，即使新進組織成員亦不了解組織的內部流程，因此，「員工培訓」(Employee Training)有其必要性。

員工培訓指組織為了將來職務的需要，對組織成員進行知識與技能的再學

習及心理重建(黃新福和盧偉斯，2007)，員工培訓可分成員工訓練、員工發展與教育2種類型，員工訓練是指非營利組織因應職務的需要所進行的特定技術之傳授，員工發展與教育指非營利組織對員工傳授理論性知識，以培養員工思考與解決問題的能力(吳美蓮和林俊毅，1999)。

非營利組織進行員工培訓有以下3種方式：

(1) 標準作業流程 (Standard Operation Process)

標準作業流程為組織針對特定職務的工作內容所設計的一連串執行步驟，標準作業流程可協助新進組織成員快速上手目前手頭上的工作，組織成員藉由閱讀各個工作活動中的標準作業流程可協助其了解組織內部不同職務的工作細節，有助於培養組織成員了解組織內各個職務的工作事務。

(2) 工作輪調 (Job Rotating)

工作輪調指以水平調換的方式調遷員工，使員工的工作活動有變化，以消除工作煩厭並增加員工的工作技能。

(3) 工作擴大化 (Job Enlargement)

工作擴大化指組織讓特定職務的工作範圍擴大或賦予特定職務多樣性的工作活動，從而增加員工的工作種類和工作強度。

第五節 非營利組織的人力運用

「人力運用」指組織成員可依據特徵與屬性調派其從事適任的工作，以讓組織成員適才適任，並藉由合理的績效考核制度激勵組織成員，以讓組織成員願意達成組織的使命。

所以「人力運用」可分成「人力派任」和「績效考核」兩部份，分述如下：

在「人力派任」部份，非營利組織的人才來源有「職工」與「志工」兩類，其中「職工」部份之所有的職務可根據第6章第3節人力招募的內文，選到合宜的職務人才，而在「志工」部份請參閱第7章志工管理。

在「績效考核」部份，非營利組織的職務績效評估為一連串的衡量步驟，可細分為(1)職務績效指標決策、(2)職務績效衡量和(3)職務績效綜合判斷，分述如下：

(1) 職務績效指標決策

「職務績效指標決策」指職務績效指標的蒐集、整理與建構衡量特定職務表現優劣的指標，特定職務依其工作內容可能有每月工作時數、每月募款數、每月服務個案量、個案服務滿意度等指標，非營利組織必需依每個職務之內容設計合宜的評估指標，以供組織內特定職務的組織成員有努力的準則與方向。

對於特定職務的各種評估標準(指標)應給予固定權重以利組織進行職務績效衡量。

(2) 職務績效衡量

特定職務的各種評估標準下的績效評估，可依評估標準特性蒐集量化(Quantitative)數據或是質化(Qualitative)專家意見，最常用的專家意見表達方式為李科特量表(Likert Scale)(如表6-4所示)。

表6-4. 不同類型的李科特量表

類型		量表內容							
五點量表	績效	極差	差	一般	好	極好			
	評估資訊	1分	2分	3分	4分	5分			
七點量表	績效	極差	差	稍差	一般	稍好	好	極好	
	評估資訊	1分	2分	3分	4分	5分	6分	7分	
九點量表	績效	極差	非常差	差	稍差	一般	稍好	好	非常好	極好
	評估資訊	1分	2分	3分	4分	5分	6分	7分	8分	9分

(3) 職務績效綜合判斷

在職務績效綜合判斷部份，可使用簡單加權平均法(Simple Weighted Averaged Method，SWA)、逼近理想解排序法(Technique for Order Preference by Similarity to Ideal Solution，TOPSIS)、折衷排序法(VIKOR)，分述如下：

績效評估會運用到一些數學符號以表示現實社會績效衡量現象：

(i)$A = \{A_1, A_2, ..., A_m\}$為決策方案集合。

(ii)$C = \{C_1, C_2, ..., C_n\}$為評估準則集合。

(iii)$D = [x_{ij}]_{m \times n}$, $i = 1,2,...,m$, $j = 1,2,...,n$為多準則決策矩陣，x_{ij}為第i個組織成員A_i第j個評估準則C_j的績效值。

(iv)$W = \{w_1, w_2, ..., w_n\}$為評估準則集合，$w_j$為評估準則$C_j$的權重值。

(a)簡單加權平均法(SWA)

簡單加權平均法指使用加權平均的概念對組織職務的工作績效進行評估，簡單加權平均法的執行步驟如下所示：

步驟1：蒐集組織成員在其職務表現上的相關資訊。

步驟2：對組織成員在各個構面的表現進行正規化。

(i)當評估準則為正向評估準則時

組織成員i在第j個評估準則的正規化公式為$x_{ij}^{nor} = x_{ij}/max_i(x_{ij})$。

(ii)當評估準則為負向評估準則時

組織成員i在第j個評估準則的正規化公式為$x_{ij}^{nor} = 1 - x_{ij}/max_i(x_{ij})$。

步驟3：對組織成員的績效進行綜合判斷，其公式為：

$$\bar{x}_i = \sum_{j=1}^{n} \frac{x_{ij}^{nor} * w_j}{\sum_{k=1}^{n} w_k}$$

(b)逼近理想解排序法(TOPSIS)

逼近理想解排序法是Huang和Yoon(1981)首先提出的方法；TOPSIS考量在各個評估準則下，每個組織成員，分別與最佳表現(正理想解)與最佳表現(負理想

解)的相對位置，來進行組織成員的績效排序，逼近理想解排序法的執行步驟如下所示：

步驟1：蒐集組織成員在其職務表現上的相關資訊。

步驟2：對組織成員的在各個構面的表現進行正規化。

(i)當評估準則為正向評估準則時

組織成員i在第j個評估準則的正規化公式為 $x_{ij}^{nor} = x_{ij}/max_i(x_{ij})$。

(ii)當評估準則為負向評估準則時

組織成員i在第j個評估準則的正規化公式為 $x_{ij}^{nor} = 1 - x_{ij}/max_i(x_{ij})$。

步驟3：計算加權決策矩陣 $V = [v_{ij}]_{m \times n}$，$i = 1,2,...,m$，$j = 1,2,...,n$. 其中，$V_{ij} = x_{ij}^{nor} * w_j$。

步驟4：決定正理想解及負理想解如下：

$$S^* = (v_1^*, v_2^*, ..., v_n^*)$$

$$S^- = (v_1^-, v_2^-, ..., v_n^-)$$

其中，$v_j^* = \max_i (v_{ij})$，$v_j^- = \min_i (v_{ij})$。

步驟5：計算每位組織成員分別與正理想解及負理想解的距離如下：

$$d_i^* = d(S_i, S^*) = \sqrt{\sum_{j=1}^{n} d(v_{ij}, v_j^*)} = \sqrt{\sum_{j=1}^{n} \left(\max_i (v_{ij}) - v_{ij} \right)^2}$$

$$d_i^- = d(S_i, S^-) = \sqrt{\sum_{j=1}^{n} d(v_{ij}, v_j^-)} = \sqrt{\sum_{j=1}^{n} \left(\min_i (v_{ij}) - v_{ij} \right)^2}$$

步驟6：計算每個方案的相對係數(closenesscoefficient，CC)

$$CC_i = \frac{a_i}{d_i^* + d_i^-}, \quad i = 1,2,...,m$$

　　當組織成員的相對係數值越大時，代表組織成員愈接近正理想解(最佳表現)，同時愈遠離負理想解(最差表現)，因此，組織可依據組織成員的相對係數值大小進行績效排序。

(c)折衷排序法(VIKOR)

　　折衷排序法為一個折衷考量組織成員整體績效與各別構面表現的績效排序方法，折衷排序法的執行步驟如下所示：

步驟1：蒐集組織成員在其職務表現上的相關資訊。

步驟2：對組織成員在各個構面的表現進行正規化。

(i)當評估準則為正向評估準則時

組織成員i在第j個評估準則的正規化公式為 $x_{ij}^{nor}=x_{ij}/max_i(x_{ij})$ 。

(ii)當評估準則為負向評估準則時

組織成員i在第j個評估準則的正規化公式為 $x_{ij}^{nor}=1-x_{ij}/max_i(x_{ij})$ 。

步驟3：計算每個評估準則的正理想解，其計算公式為：

$$F_j^* = max_i(x^{ij})$$

其中，F_j^* 代表第j個評估準則的正理想解。

步驟4：計算每個評估準則的負理想解，其計算公式為：

$$F_j^- = min_i(x^{ij})$$

其中，F_j^- 代表第j個評估準則的負理想解。

步驟5：計算每位非營利組織成員的主要群體效用 (η_i)，其計算公式為：

$$\eta_i = \sum_{j=1}^{n+2} w_j * \frac{F_j^* - x^{ij}}{F_j^* - F_j^-}$$

步驟6：計算每位非營利組織成員的反對意見個別反悔比例(λ_i)，其計算公式如下：

$$\lambda_i = max_j(w_j * \frac{F_j^* - x^{ij}}{F_j^* - F_j^-})$$

λ_i 代表根據評估準則的不良績效選擇第i位非營利組織成員的最大反悔值。

步驟7：每位非營利組織成員的權衡績效值（Q_i）計算公式如下：

$$Q_i = v * \frac{\eta_i - \eta^*}{\eta^- - \eta^*} + (1 - v) * \frac{\lambda_i - \lambda^*}{\lambda^- - \lambda^*}$$

其中，

$\eta^* = min_i\eta_i$、$\eta^- = max_i\eta_i$、$\lambda^* = min_i\lambda_i$、$\lambda^- = max_i\lambda_i$。
v代表決策係數，v介於0到1之間，當v接近1代表非營利組織之成員績效考核者主要考慮群體意見，相反地，當v接近0代表非營利組織之成員績效考核者主要考慮個別反對意見。

根據Q_i可決定非營利組織內之組織成員的工作績效Q_i越小、組織成員的工作績效越佳)。

第六節 非營利組織的人力維持

非營利組織要長期留住人才需施行各種獎勵措施，其有形獎勵措施主要為薪資與福利兩種類型，其中薪資可再分成「固定薪資」(據有管理上的保健效果)、「彈性薪資」(例如，加班費、績效獎金據有管理上的激勵效果)；而無形獎勵則有名譽、權力與理想實踐等種類(如表6-5所示)。

表6-5. 人力資管理工具

獎勵類型			
有形獎勵	薪資	固定薪資	月薪
		彈性薪資	加班費、績效獎金、年終獎金
	福利		員工旅遊補助、員工健檢補助、免費員工餐廳、免費員工保險、子女教育補助、子女獎學金補助、婚喪喜慶補助、免費上下班交通車
無形獎勵			名譽、權力、理想

非營利組織要留住人才,薪資福利只是其中一種吸力,除此之外,還有以下幾種留才方法:

(1) 優質環境塑造

一個優質和諧的工作環境可以降低組織成員的工作壓力並培育良好的組織成員關係,優質環境可提高組織成員留職意願。

(2) 制度設計

非營利組織可設計有利於資深員工的制度(例如,年資制度),只要非營利組織的薪資制度為工作越久、福利越高便可留住員工,因為,資深員工離職有高的沉沒成本。

第七節 非營利組織的人力資源管理挑戰

目前社會上的非營利組織面臨以下4種人力資源管理挑戰:

(1) 流動率問題

非營利組織因為是從事公益的因素,在台灣非營利組織的「職工」,其薪資福利通常皆遠低於私人機構,而非營利組織的「志工」則是不支薪,因此,

非營利組織非常不容易留住人才，非營利組織成員的流動率非常高，許多業務無法推展與服務不易持續。

(2) 實務經驗不足問題

非營利組織的許多工作在實務上，這些工作需要經驗累積以獲得「內隱知識」(Tacit Knowledge)才能順利進行，這些都需要非營利組織的「職工」與「志工」的長期留任才能累積，此為非營利組織成員流動率過高的延伸問題(Reber，1989)。

（註：內隱知識：不易清晰地表述與藉由人員溝通有效轉移的知識）。

(3)「職工」與「志工」的領導問題

非營利組織的「職工」通常在特定領域的社會服務方面都有一定的專長，但是，非營利組織的「志工」則組織成員來源複雜，有些「志工」甚至是社會賢達，因此，「志工」不一定願意聽任「職工」的專業調遣，導致非營利組織的管理者不易進行領導與統御。

(4) 服務重疊問題

台灣的許多非營利組織之間，其組織的願景與使命是重覆，例如，弘道老人福利基金會、天主教失智老人基金會、華山基金會、伊甸基金會、財團法人台北市老人基金會等非營利組織皆是以服務社會上的年長人士為其職志，所以，不管是人力或物力，社會有心人士的資源會平均分散在同質性的組織，而服務標的亦可能獲得重覆的服務，造成社會資源的浪費。

專有名詞

人力資源管理 (Human Resources Management)

人力資源開發 (Human Resources Development)

人力資源活用 (Human Resources Utilization)

人力資源維持 (Human Resources Maintenance)

組織規劃 (Organization Planning)

工作分析 (Work Analysis)

工作說明書 (Job Description)

工作規範 (Job Specification)

工作識別 (Job Identification)

工作摘要 (Job Abstract)

工作條件 (Work Condition)

資格過符 (Over Qualify)

內部升遷 (Internal Promotion)

人力招募 (Human Resources Recruitment)

員工培訓 (Employee Training)

外部遴選 (External Selection)

工作輪調 (Job Rotating)

標準作業流程 (Standard Operation Process)

量化 (Quantitative)

工作擴大化 (Job Enlargement)

李科特量表 (Likert Scale)

質化 (Qualitative)

逼近理想解排序法 (TOPSIS)

簡單加權平均法 (Simple Weighted Averaged Method)

內隱知識 (Tacit Knowledge)

折衷排序法 (VIKOR)

是非題

1.(X) 人事管理為企業對其組織內所有的人力資源進行開發、活用和維持所進行的規劃、執行與控制的過程。

2.(X) 人力資源管理的重點為績效評估、溝通對象為勞方。

3.(O) 人力招募有組織規劃、工作分析、人力招募和人才評選4大程序。

4.(O) 人力發展指組織針對內容成員進行培訓使其可以逐步承擔更多類型或更重大的任務,以充實組織的競爭力。

5.(O) 工作說明書為一份說明特定職務之工作職責、工作內容、工作方法與工作條件的文件,其一般皆會包括工作識別、工作摘要、關係與職責、績效標準與工作條件等內容。

6.(O) 績效標準主要說明該職務的工作考核方法與工作績效評估標準,此標準會決定所錄用的職員、今後努力的方向與績效處罰的標準。

7.(X) 資格過符指應徵者的條件與職務要求的條件相比過於優秀,此時必需考量高薪聘用此過於優秀的應徵者,主因為過於優秀的應徵者對企業有利。

8.(X) 在台灣非營利組織的「職工」,其薪資福利通常皆高於私人機構。

9.(O) 內隱知識為不易清晰地表述與藉由人員溝通有效轉移的知識。

10.(O) 工作擴大化指以水平調換的方式調遷員工,使員工的工作活動有變化,以消除工作煩厭並增加員工的工作技能。

選擇題

1.(1) 以下哪些是人事管理的特徵？

　　(1)勞資關係為對立形態、(2)溝通對象為勞資雙方、(3)重點為人力發展、(4)以上皆是。

2.(4) 以下哪些是人力資源管理的特徵？

　　(1)組織是人力為有價值的資源、(2)勞資關係為合作形態、(3)人力資源管理活動為動態管理、(4)以上皆是。

3.(4) 人力資源管理的任務有哪些？

　　(1)人力招募、(2)人力運用、(3)人力維持、(4)以上皆是。

4.(3) 非營利組織主管職位從內部升遷的優點有哪些？

　　(1)組織成員願意聽命於組織上層的安排不會有過多意見、(2)組織成員可以從外部觀察組織，並提供組織特殊看法，以讓組織了解其盲點、(3)組織成員有暢通的升遷管道，可增加組織成員工作士氣、(4)以上皆是。

5.(4) 非營利組織主管職位從外部遴選的缺點有那些？

　　(1)無法快速融入組織團隊中、(2)組織成員易抗拒外部成員的領導、(3)缺乏足夠資訊評估外部成員的實際能力，雇用外部成員需承擔「雇用風險」、(4)以上皆是。

6.(4) 決策分析方法有那些？

　　(1)簡單加權平均法、(2)逼近理想解排序法、(3)折衷排序法、(4)以上皆是。

7.(4) 以下何者是非營利組織人力資源管理所會面臨的挑戰？

(1)實務經驗不足問題、(2)「職工」與「志工」的領導問題、(3)流動率問題、(4)以上皆是。

8.(2) 人力資管理工具的無形獎勵有哪些？

(1)婚喪喜慶補助、(2)個人名譽鼓勵、(3)員工健檢補助、(4)以上皆是。

問題作業

1.以下有4位非營利組織職工的工作表現結果，請使用簡單加權平均法、逼近理想解排序法、折衷排序法評估組織成員的績效。

非營利組織職工的績效資訊

	募款金額	工作時數	月薪	服務個案量	個案服務滿意度	招募志工數
職工1	32875	202	21000	12	稍差	3
職工2	52300	176	23000	10	好	6
職工3	21540	180	22000	8	好	4
職工4	62350	165	21500	14	稍好	0

2.假設XXX基金會需要一名募款經理，請為其設計二作說明書，說明書格式如下：

XXX基金會募款經理工作說明書格式

所屬部門		職稱	
工作內容			
上司			
績效標準			
工作條件			
工作規範	學歷		
	經歷		
	證照		
	其他條件		

小品文欣賞

人員的價值

台灣的工資最近幾年都非常低廉,其實一個人應該從事其價值可以明確衡量的工作,藉由正確衡量自身的價值,才能正確判斷身價,然後長期保有工作。

在台灣社會,早期許多工作者都會年年固定調薪,到後來因為工資高,企業為了節省成本便使用低薪的新人,取代高薪的舊員工,從事相同的工作;這種現象在服務業,屢見不鮮。

基本上,一個人想要有高薪的必需符合「有價值、稀少、可移動、不可模仿、不可替代」五個條件;雖然,許多工作基本上都可以被模仿與替代,但是,不可模仿性與不可替代性是可以被創造出來的。

以廚師來說,基本上,社會上擁有廚藝的人雖不多,但是亦有一定的數量,也就是說,餐飲公司的廚師要辭職,容易被取代掉;廚師要有更高的薪資,除了必備的廚藝與負責態度之外,廚師必需培養其他廚師所不易模仿與取代的技能,例如,創造新產品的能力和比賽得獎的名聲,而此兩項因素,亦會提高餐飲公司的額外獲利,創造附加價值,從而成為廚師可以加薪的附加籌碼,而餐飲公司的老闆在衡量利弊得失後,也才願意加薪與長期留人;只是要記住一點,並非所有的企業老闆都有本事看出一個人的真正價值,所以,一個廚師在有所表現後,企業老闆無法看出其真正價值,便要掛冠求去,利用自己的可移動性,找尋其他有能力的老闆發揮長才。

以上概念對許多工作都是適用的，但是有些工作進入門檻太低、太容易被模仿與替代，從事這類工作之人員想獲得高薪的話，建議轉職比例實在(例如，清潔人員、便利店員等)。

2017. Feb.

非營利組織的志工管理

「志工」是不支薪的非營利組織成員,因其不支薪所以非營利組織的招募、管理與激勵的手段有限,為了非營利組織的長遠發展,本章節特定探討非營利組織的志工管理相關議題。

第一節 志工參與動機分析

根據馬斯洛的需求層級理論(Maslow's hierarchy of needs),人類有「生理」(Physiological Need)、「安全」(Safety Need)、「隸屬」與「愛」(Love Need)、「自尊」(Esteem Need)、「自我實現」(Self-actualization)5種需求,人類在非營利組織從事志工可獲得「生理」以外的其他心理需求(Maslow等人,1970)。

江明修(2006)則認為人類在非營利組織從事志工可獲得成就感(Achievement)、賞識(Recognition)、工作本身(Work Itself)、責任(Responsibility)、升遷與發展(Advancement),分述如下:

(1) 成就感:

成就感來自於從頭到尾完成1件有難度的工作,許多工作可以帶給志工成就感(例如,消防義警撲滅火災有一定的困難度),而這些有成就感的工作不一定存在於可以獲利的職場。

(2) 賞識:

賞識指許多無給職的工作可以為志工帶來名譽與讚賞(例如,消防義警本身

就是一個受到社會稱讚的職務)。

(3)工作本身：

當一件工作具有重要意義時，便可以在缺乏報酬的情況下，讓志工志願從事該工作，因此工作有內在報酬(Intrinsic Reward)(例如，消防義警有保護人民生命財產安全的意義)。

(4)責任：

社會服務是個人責任的擴充，個人額外承擔社會責任可促進個人成長。

(5)升遷與發展：

個人從事志工可擴展自己的人脈，尤其許多非營利組織的志工為社會賢達，從事志工可為個人增加許多外部升遷的工作機會。

第二節 志工類型與招募策略

一般企業講究「市場區隔」(Market Segmentation)與「差異化行銷」(Differentiated Marketing)，志工招募亦因族群而異才能有效制訂招募策略吸收到各種類型的志工，志工類型有企業志工、退休人員志工、替代刑罰志工、單一活動志工、無業志工、學生志工6種，其相關定義與招募策略如下所示：

(1)企業志工 (Corporate Volunteer)

企業志工指特定企業創辦人自行成立基金會，並以其企業內部員工為主要成員來源，而此基金會的成員便為企業志工。

在台灣，富邦慈善基金會、日月光文教基金會、財團法人張榮發基金會、中國信託慈善基金會皆為特定企業創辦人所成立的基金會，筆者建議非營利組織不要以特定企業的企業員工為志工招募對象，而應以特定企業自行成立基金會為合作談判以間接指揮與運用企業志工。

(2) 退休人員志工 (Retiree Volunteers)

退休人員志工指退休人士為非營利組織服務的人員，非營利組織如要招募此類工作人員，應與社區管理者或養老院管理者合作，此類志工是相對容易招募的人力，主因為退休人員擁有許多閒暇時間且退休人員從事志工活動有助於延緩老化與排解寂寞。

(3) 替代刑罰志工 (Alternative Penalty Volunteers)

替代刑罰志工指受到刑事判決必需強制從事社會服務的人員，非營利組織如要招募此類工作人員，由於此類工作人員並無社會服務公益動機，非營利組織應提供最輕鬆的工作協助其完成社會服務工作。

(4) 單一活動志工 (Single Activity Volunteers)

單一活動志工指響應非營利組織的特定活動使命，志願從事特定活動的人員，非營利組織只要良好的使命並廣為宣傳便可以吸引到為數不少的單一活動志工。

(5) 無業志工 (Non-Employee Volunteers)

無業志工指本身沒有工作，但是願意到非營利組織從事志願服務之人員，這一個族群其社會競爭力不佳，其願意進行志願服務的原因為非營利組織會為其提供物質上的幫助，例如，慈濟環保團體會提供環保志工免費的營養午餐。

(6) 學生志工 (Student Volunteers)

學生志工指目前正在就學的志工，這一群社會人仕，由於，其本身並沒有經濟壓力，因此，其本身有較高的理想性，非營利組織可招募這一群學生從事需要長時間才能產生社會公益效果的活動(例如，環境保護工作)。

志工招募有「目標招募法」、「同心圓招募法」和「團體招募法」3種類

型，分述如下：：

(1) 目標招募法 (Target Recruitment Method)

目標招募法指非營利組織訂立組織活動目標並決定所要招募之族群，並對目標族群詳細說明活動內容以引發目標族群加入成為非營利組織的行為。

(2) 同心圓招募法 (Concentric Recruitment Method)

同心圓招募法指非營利組織的成員以自己為中心，向親朋好友推廣以加入非營利組織；招募同心圓的中心可以為以下族群：

1.現有志工、志工的親戚朋友。

2.服務對象、服務對象的親戚朋友。

3.離開的志工。

4.捐款人。

5.督導機關建議人士。

(3) 團體招募法 (Group Recruitment Method)

團體招募法指非營利組織選擇具有高度認同感的團體進行志工招募；對特定非營利組織具有高度認同感的團體，可能為以下團體：

1.學校。

2.公司。

3.專業組織。

4.教會或宗教團體。

5.社區部落。

第三節　志工領導

由於「志工」是不支薪的非營利組織成員，其管理上相對困難，以下是非

營利組織管理者對「志工」的領導管理內容：

　　一個領導者要領導他人工作需有一定的權力以影響他人，以下是5種影響他人的權利(戚樹誠，2015)：

　　(1) 獎賞權 (Reward Power)：

　　獎賞權指管理者藉由給予各種物質或精神上的獎勵以驅使他人依管理者的想法行動，例如，非營利組織承諾給予感謝狀以鼓勵志工從事公益行為。

　　(2) 強制權 (Coercive Power)：

　　強制權指管理者藉由脅迫給與身心痛苦的功效以驅使他人依管理者的想法行動，例如，政府藉由處罰不守交通規則的公民以使其未來自動遵守交通規則。

　　(3) 職位領導權 (Leadership Authority)：

　　管理者因其職務所取得的權利，例如，非營利組織的募款人員因其職務上的許可，可以向他人募集款項以從事公益活動。

　　(4) 參考權 (Referent Power)：

　　管理者因其個人魅力所產生的影響力，例如，證嚴法師創立佛光山慈悲社會福利基金會，因為證嚴法師的個人魅力而願意從事公益的人至少有數十萬人之譜。

　　(5) 專家權 (Expert Power)：

　　管理者因其可使人信服的專業能力，而使他人願意依其專業意見而行動，例如，會計師對特定企業的評價可影響投資人對該企業的投資意願。

　　非營利組織管理者對「志工」的領導需從事以下6件工作：

(1) 使命與願景的推廣與實踐

推廣使命與願景是領導者的首要任務,領導者必需說服志工特定非營利組織使命的重要性,並將該使命內化到志工的心中。

領導者如要提高其影響力,領導者必需「以身作則」實踐非營利組織的使命,例如,領導者與志工輪流排班對失智老人施行安養照護。

(2) 合理授權

領導者要能知人善任,對於每一位志工依其專長才能進行合理授權(Empowerment),領導者的用人能力會直接影響志工的投入意願。

(3) 有效激勵

因為「志工」是從事無償工作,所以「志工」非常容易喪失其工作動力,由此可知,領導者對「志工」的激勵行為為一個重要的任務,領導者的激勵行為有以下原則:

(a)常態性

因為,「志工」非常容易喪失其工作動力,所以,領導者必需經常鼓勵「志工」,以使其工作動力維持在高檔。

(b)真誠性

領導者必需由衷給予欣賞與鼓勵,以免激勵流於形式,而無法產生應有的激勵效果。

(c)即時性

「志工」有良好表現,領導者對其施行獎賞必需即時實施才能產生最大激勵效用。

(d)適度性

「志工」良好表現的獎賞必需要一視同仁且合理。

(e)差異化

領導者對「志工」的獎賞可以依其偏好進行調整，例如，社會賢達從事志願服務可以給予名譽鼓勵、無業遊民從事志願服務可以給予物質獎賞。

(4) 績效管理

領導者必需對「志工」進行績效管理以充當其獎賞激勵的依據。

(5) 困難排除

「志工」從事志願服務會遇到許多困難，領導者通常有相對較多的資源，其應協助底下的志工排除困難，以利非營利組織目標的施行。

(6) 關係維持

領導者應與「志工」維持良好關係，如此，非營利組織才可能有長期穩定的資深志工維持組織的運作，舉例來說，領導者記所有志工的名字是一件很重要的工作

第四節 志工形象管理

非營利組織與其他社會組織一樣，要受到社會大眾的信任必需注重形象，非營利組織的形象與其所提供的公益服務品質有關，而其服務品質一大部份來自於其志工的形象，因此，非營利組織志工的形象管理為重要的議題。

非營利組織的成員來源廣泛，由於，志工不支薪的原由，非營利組織並無法確保志工的品質，因此志工形象的塑造是一個極大的挑戰。

志工形象塑造有以下幾個方法：

(1) 組織文化的建立與薰陶

組織文化(Organizational Culture)是組織在長期發展過程中所形成組織特有且為多數組織成員共同遵循的基本信念和行為規範，其在組織中反映組織全體成員共同接受的價值觀念、行為準則、思維方式、工作作風和團體歸屬感等群體

意識(鄭伯壎，2000；Schein，2010)。

非營利組織的組織文化可由外顯的組織標誌(包括組織旗幟、口號、標誌性建築等)、組織工作環境(包括組織辦公場所、組織休息場所)、規章制度(激發志工積極性和自覺性的規章制度為組織文化的主要)、經營管理行為與內隱的組織哲學、價值觀念、道德規範、組織精神所組成(鄭伯壎，2000)。

非營利組織只要建立優良的組織文化便可逐漸薰陶資淺的志工使其擁有良好的行為與形象。

(2) 志工培訓與自省

「資淺志工」的專業素養與脾氣毛病，可以在其加入非營利組織的初期，藉由新進志工的培訓加以提升；「資深志工」則可藉由知識自學與品性自省以提升其專業素養與形象。

(3) 志工調配

非營利組織可以藉由人力資源配置的方式，讓深受組織薰陶的資深志工實際面對社會大眾，資淺志工則以內勤為主，如此便可以維持一定水準的志工形象。

專有名詞

需求層級理論 (Maslow's Hierarchyof Needs)

市場區隔 (Market Segmentation)

差異化行銷 (Differentiated Marketing)

企業志工 (Corporate Volunteer)

退休人員志工 (Retiree Volunteers)

單一活動志工 (Single Activity Volunteers)

無業志工 (Non-Employee Volunteers)

學生志工 (Student Volunteers)

目標招募法 (Target Recruitment Method)

同心圓招募法 (Concentric Recruitment Method)

團體招募法 (Group Recruitment Method)

獎賞權 (Reward Power)

強制權 (Coercive Power)

參考權 (Referent Power)

授權 (Empowerment)

組織文化 (Organizational Culture)

是非題

1.(X) 根據馬斯洛的需求層級理論,人類有「生理」、「心理」、「安全」、「自尊」、「自我實現」5種需求。

2.(O) 目標招募法指非營利組織訂立組織活動目標並決定所要招募之族群,然後針對目標族群詳細說明活動內容以引發目標族群加入成為非營利組織的行為。

3.(O) 無業志工指本身沒有工作,但是願意到非營利組織從事志願服務之人員。

4.(O) 團體招募法指非營利組織選擇具有高度認同感的團體進行志工招募。

5.(O) 組織文化是組織在長期發展過程中所形成組織特有且為多數組織成員共同遵循的基本信念和行為規範其在組織中反映組織全體成員共同接受的價值觀念、行為準則、思維方式、工作作風和團體歸屬感等群體意識。

6.(X) 職位領導權指管理者因其個人魅力所產生的影響力。

7.(O) 志工形象塑造有組織文化的建立與薰陶、志工培訓與自省、志工調配3種方法。

8.(O) 非營利組織對領導者的激勵行為有常態性、真誠性、即時性、適度性、差異化5個原則。

選擇題

1.(1) 請問孫越拍禁煙廣告是何種權力的展現？

(1)參考權、(2)強制權、(3)專家權、(4)獎賞權。

2.(2) 請問警察對路邊停車的人士開罰單是何種權力的展現？

(1)參考權、(2)強制權、(3)專家權、(4)獎賞權。

3.(4) 請問古代政府對寡婦頒「貞節牌坊」是何種權力的展現？

(1)參考權、(2)強制權、(3)專家權、(4)獎賞權。

4.(3) 請問醫師拍減肥廣告是何種權力的展現？

(1)參考權、(2)強制權、(3)專家權、(4)獎賞權。

5.(4) 在同心圓招募法中，招募同心圓的中心可以為？

(1)現有志工、志工的親戚朋友、(2)捐款人、(3)服務對象、服務對象的親戚朋友、(4)以上皆是。

6.(4) 在團體招募法中，對特定非營利組織具有高度認同感的團體，可能為？

(1)專業組織、(2)教會或宗教團體、(3)社區部落、(4)以上皆是。

問題與討論

1. 請舉例說明管理者的5種權力？

權力類型	舉例
獎賞權	
強制權	
職位領導權	
參考權	
專家權	

2. 名詞解釋

(a)需求層級理論(Maslow's Hierarchyof Needs)

(b)企業志工(Corporate Volunteer)

(c)目標招募法(Target Recruitment Method)

(d)同心圓招募法(Concentric Recruitment Method)

(e)團體招募法(Group Recruitment Method)

(f)組織文化(Organizational Culture)

小品文欣賞

定數論VS每天原理

定數論

政治大學顏錫銘教授有一個理論名為「定數論」，一個人一生中所能賺的錢，吃的各種食物，喝的各種飲料，玩遊戲的時間，出國旅遊次數，甚至是伴侶個數，都是一個定數，只要超過此定數，便會「死亡」。

所以，有的人只能吃清淡的食物，主因為油膩食物的配額已經吃完了，有的人只能吃流質食物，主因為清淡、油膩食物的配額已經吃完了，有的人只能打點滴，主因為流質、清淡、油膩食物的配額已經吃完了；每個人在上述每個構面所能擁有的量是固定的，但是每個人可以擁有多少量，自己已經用了多少量，其實自己隱隱約約可以估的出來。

每天原理

大凡成功人士，都是從小在自己未來的職業的相關訓練，每天進行專研，阿格西父母是球王2歲就開始打網球了，畢卡索2歲就開始畫畫了，棋靈王的塔史亮4歲就天天跟名人下棋，藤原拓海10歲就天天在秋明山送豆腐(不管括風、下雨、生病)，這些人是一出生就知道自己要做什麼真的非常幸福，拳王泰森從小乖巧天天被別人痛扁，有些拳手則是從小天天與人打架，金凱瑞從小就用支體動作逗生病的母親開心，麥可

傑克森也是從小就在同儕面前表演，這些人則是從小在自己未來的職業的相關訓練，每天進行專研，「定數論」和「每天原理」看似相互矛盾的兩個理論，其實並不衝突，主因就在於那些從小就開始每天有意或無意中對自己進行訓練的人，他們自己深知自己在自己專長領域，可以從事的量(定數)是非常大的，大到可以長期天天做，也不會受到限制，例如：NBA球員從小就深知「自己一輩子可能會投進幾百萬顆球，甚至幾千萬顆球」，這個就是所謂的「天命」，上天對每個人的職業天命，定數限制量是非常大的。

　　所以，「認識你自己」，了解自己的職業天命是非常重要的，同時，在其他領域「知足常樂」也非常重要，以免「少壯太享受、老大徒傷悲(沒得享受)」。

2017. Feb.

非營利組織的募款管理

在一切事上，我都給你們做了榜樣：必須這樣地勞苦做工來扶助軟弱的人，並且要記住主耶穌自己說過的話：『施比受更加蒙福。』

--聖經(使徒行傳20：35)

第一節 募款的定義

非營利組織基於組織使命與目標，對政府、企業、社會大眾或其他非營利組織發動募集金錢、物資或勞務的行動或過程(Joan，2002)。

募款，基本上來說有以下各個因素需考慮：

(1) 募款目標

募款目標指募款所要達成的金額與物資數量，雖然，非營利組織募款是多多益善，但是，現實生活中，非營利組織可以募得的款數是會隨經濟而變動，所以，非營利組織通常會設計各種公益活動並估計該活動所需的款數當作募款目標，此做法有兩個優點，如下所示：

(a)專款專用

社會人仕都有各自偏好的公益活動，非營利組織的各種公益活動上如訂有募款目標，可讓社會人仕安心其所捐款的資金確實用在其偏好的公益活動上。

(b)快速募款

非營利組織的各種公益活動有所需募款金額(募款目標)與募款截止時間，

假如，募款金額與募款目標差距過大可提高社會人仕的捐款意願。

(2) 募款時間

非營利組織的公益活動有「臨時性公益活動」和「常態性公益活動」兩種，臨時性公益活動為特殊事件所引發的公益活動，(例如，地震、水災等天災)，因此其募款有時效性，常態性公益活動指例行性的公益活動，此類型的公益活動會以年為單位，年復一年的產生服務需求(例如，每年冬天弱勢族群皆需衣料物資、每年孤兒院幼童皆需就學補貼)。

(3) 募款地點

募款地點指提供募款資訊以獲得資金與物資來源的地點，主要有以下幾個地點：

(a)線上網站

目前，所有的非營利組織皆有線上網站，非營利組織會在網站上提供各種公益活動相關資訊，以供有心人仕進行募款決策。

(b)組織辦事處

非營利組織在各個地點皆會設立辦事處，在辦事處可進行物資與捐款的募集。

(c)交通要道

在火車站、公車站等交通要道通常皆設有募款場所以募集資金。

(d)消費場所

餐廳、飲料店、電影院等消費場所通常皆設有公益募款箱以募集資金。

(4) 捐款方式

非營利組織的捐款方式具有多樣性以滿足社會人仕追求便利的需求，其捐款方式至少有下列方式：

(a)信用卡、郵局轉帳授權捐款

(b)銀行定期轉帳授權捐款

(c)LinePay捐款

(d)劃撥捐款

(e)超商條碼捐款

(f)多媒體事務機捐款

(g)ATM自動櫃員機捐款

(h)網路小額捐款

(i)手機捐款

(j)電子發票捐贈

(k)現金捐款

(l)支票捐款

(m)零錢箱捐款

(5) 捐款族群

捐款者依對非營利組織的認同度和捐款金額數的高低可分成高額贊助人、主要贊助人、經常捐款者、一般捐款者和義賣品購買者,而形成「募款金字塔」(Fundraising Pyramid),如圖8-1所示。

圖8-1. 募款金字塔

高額贊助人及主要贊助人構成了金字塔最頂層的部分；此一部份為非營利組織所能勸募到最大筆的捐款金額，這筆款項亦稱為「重要貢獻」。

經常捐款者的捐款較為固定，主因是這些捐款者幾乎都是固定捐款人，也有一些捐款者會為自己的捐款計劃訂定明確的目標，這類固定且經常性捐款的個人就構成了非營利組織募款中不可忽視的「中堅分子」；一般捐款者是構成金字塔底層的不特定多數人。

第二節 勸募理論

勸募理論依募款行為有「項鍊理論」、「交易分析理論」、「時間窗理論」、「說服理論」4種理論，分述如下：

(1) 項鍊理論 (NecklaceTheory)

項鍊理論指非營利組織社會需求者與捐款者之間的項鍊墜子，非營利組織右邊的活動指各種組織服務業務、服務對象與組織基本的社會責任與價值，非營利組織左邊是一種募款技術，募款者接觸越多社會人仕，則社會回應也會越多(如圖8-2所示)。

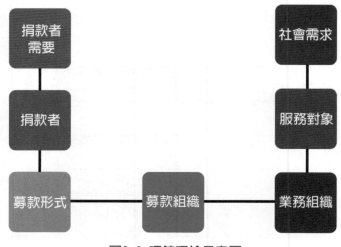

圖8-2. 項鍊理論示意圖

非營利組織應先瞭解捐款者的基本資料、價值觀和信念,才能瞭解其公益偏好,募款者才能投其所好,進行符合捐款者公益偏好之募款活動。

(2) 交易分析理論 (Transactional Analysis Theory)

交易分析理論指捐贈行為是一種「雙向對稱」的「基本價值交換情境」,捐贈者藉由捐贈物資與財力以達成提升自我形象、獲取社會地位和獲取肯定與表揚、實現個人理念、彌補自己過去遺憾或自利抵稅等目的,捐贈者動機具多樣性。

(3) 時間窗理論 (Time Window Theory)

時間窗理論指捐款者的捐款額度常常有一定的限制量,某些特定時間會刺激其提高捐款額度,這些時間稱為「狩獵季節」;例如,報稅季節,企業為了節稅便會突然提高捐款額度。

(4) 說服理論 (Persuade Theory)

說服理論指社會大眾接觸非營利組織成員所提供的資訊而導致態度的改變、特定態度的支持與強化;所以,募款者必需對其募款目的與內容有一套可以服眾的說法才能改變社會大眾的態度。

(5) 漸近理論 (Asymptotic Theory)

漸近理論指社會大眾的態度難以在短期內改變,非營利組織必需要每隔一段時間進行說服,並逐步改變社會大眾的想法以獲得所需款項,例如,某位一貫道親要說服肉販業者不殺生,由於,肉販業者以殺生為業要說服其不殺生等同於斷其財路,因此,不可能一步到位直接從肉販變成素食者,一貫道親的策略是先說服肉販業者從殺鵝賣肉變成批發賣肉、再從批發賣肉變成賣菜業者。

第三節 募款方式

非營利組織的募款方式有活動募款、親自募款、會員制度募款、網路募款等方式，分述如下：

(1) 活動募款

「活動募款」指非營利組織舉辦吸引大眾注意並可以共同參與的活動並藉由該活動進行募款；例如，台灣世界展望會舉辦「飢餓三十」活動募款、愛盲基金會舉辦「一日盲人」體驗活動募款，活動募款常採取與其組織使命有關之活動以提升社會大眾的同理心，此募款方式的優點為可讓社會大眾產生共鳴，缺點為募款成本較高、捐款穩定度低、活動內容需不斷創新。

(2) 親自募款

親自募款為面對面、一對一的募款行為，為募款者向他們潛在捐款者表達需求的募款方式，其優點為可直接深度宣傳公益活動的內容並建立組織人脈，其缺點則是募款成本高。

(3) 會員制度募款

會員制度募款指非營利組織利用建立會員制度的方式進行募款，以期能使捐款者感到擁有特殊的地位，亦可讓捐款者有成為團體一分子的歸屬感，其優點為募款成本低、募款效率高，其缺點則是可以具有社會地位的高階協會並不容易建立。

(4) 網路募款

網路募款指利用email傳送客制化公益訊息給社會大眾以進行募款，此方法有以下步驟需執行。

步驟1：蒐集每位社會大眾的人口統計變數與公益捐款記錄。

步驟2：使用機器學習技術分析社會大眾中各個族群的公益偏好。

步驟3：非營利組織藉由電子郵件將特定公益活動資訊傳送給有此公益偏好的族群。

網路募款的優點為可以提供符合每位社會大眾偏好的公益訊息給群眾以達成「精準行銷」的效果，其缺點則是社會大眾公益偏好分析系統建置與相關資訊的蒐集需要成本、建置系統需滿足資訊安全和隱私保密的要求。

上述募款方式的優缺點整理如表8-1所示：

表8-1. 各種募款方式的優缺點

	優 點	缺 點
活動募款	可讓社會大眾產生共鳴	募款成本較高 捐款穩定度低 活動內容需不斷創新。
親自募款	可直接深度宣傳公益活動的內容並建立組織人脈	募款成本高
會員制度募款	募款成本低 募款效率高	可以具有社會地位的高階協會並不容易建立。
網路募款	提供符合每位社會大眾偏好的公益訊息給群眾以達成「精準行銷」的效果	社會大眾公益偏好分析系統建置與相關資訊的收集需要成本 需滿足資訊安全和隱私保密的要求。

資料來源：Joan (2002)

第四節 募款倫理

非營利組織要合情合理的募款有一些原則必需遵守，分述如下：

(1) 募款要有目標、進度且有對應支持的募款活動

非營利組織需擬定特定公益活動的目標募款金額，並可將目標募款金額向下細分套用到個別的募款員上，募款計劃實行後可計算進度達成率，再依進度調整募款活動的方向。

(2) 募款者進行勸募前，本身最好也要捐款

「以身作則」是最佳的勸募行為，募款者本身有從事公益捐款可提升社會大眾對特定公益活動的信任度。

(3) 非營利組織需將無形服務有形化，以利募款

「無形服務有形化」指將各種公益服務藉由電子設備蒐集公益服務的數位資訊，將公益服務的過程與結果呈現在世人面前，社會大眾看的到公益服務成果便可能比較願意進行捐款。

(4) 募款要成功須有好的參考群體背書

社會上的許多成功人士為了自身的形象都願意替非營利組織進行代言，非營利組織應依其公益活動的特性，邀請合宜的代言人以增加社會大眾對特定非營利組織的信任度以利募款者進行募款。

(5) 募款後需建立捐款徵信功能

非營利組織在向特定社會大眾募得所需款項後，需在非營利組織網站上設計「捐款徵信」(Donation Search)的功能，以協助特定社會大眾了解其捐款的用途。

(6) 募款後需有謝函

非營利組織的謝函是用來感謝社會大眾的無私奉獻，其有助於提升捐款者的長期捐款意願。

(7) 募款後需提供捐款者其捐款之公益活動的執行情況

捐款者在乎其捐款的款項是否有落實於特定的公益活動上，因此，非營利組織寄送相關資訊以協助捐款者追蹤特定公益活動的進度是重要的工作；例如，台灣世界展望會的兒童長期認養活動會提供捐款者其認養之兒童的長期發

展狀況，以提升捐款者對台灣世界展望會的公益信心。

(8)募款需採尋序漸近原則

由於，捐款人對公益活動的認同度不同，募款人應調查捐款人的捐款接受度(捐款人的心理狀態)，再針對其階段特性採取有效方法向前進行勸說(如表8-2所示)(司徒達賢，1999)。

表8-2. 捐款人的公益認同狀態與對策

捐款人的公益認同狀態	第1階段	第2階段	第3階段	第4階段	第5階段
	從未捐款	未了解非營利組織的使命	不認同使命	不滿意人員或運作方式	交代捐款用途呈報成果
對策	啟發善心	宣揚介紹	改變觀念	改善標準作業流程	過去捐款不知後果與用途

資料來源：Joan(2002)

在各個階段中以第3階段「改變觀念」最難執行，畢竟「諸惡莫作，眾善奉行」，這個理念「三歲兒童就懂得，八十老翁行不得」。

募款人員應該避免成為下列五種角色(林淑馨，2008)：

(1)乞討者：募款者只在乎募款任務，而不確實監督募款用途，募款者的角色即是為「乞討者」。

(2)收帳者：募款者只是按時向捐款人勸募，而不顧及捐款人的需求，其角色即是為「收帳者」。

(3)推銷者：以推銷的方式進行勸募，未重視捐款人的需求、理念或人格，其角色即是為「推銷者」。

(4)欺騙者：不誠實說明非營利組織之公益活動內容，其角色即是為「欺騙者」。

(5)仲介者：利用社會大眾的惻隱之心來達成募款的目的，其角色即是為「仲介者」。

募款者應該扮演下列三種角色(林淑馨，2008)：

(1)經紀人：募款者盡力讓捐款人和受款弱勢族群都滿意，其角色即是為「經紀人」。

(2)批發商：募款者應該盡力要向捐款人說明社會需求與其達成的情形，其角色即是為「批發商」。

(3)執行者：募款者應該向捐款人說明特定非營利組織的行政效率，並監督所募款項的運作與執行，其角色即是為「執行者」。

專有名詞

募款金字塔 (Fundraising Pyramid)

項鍊理論 (Necklace Theory)

交易分析理論 (Transactional Analysis Theory)

時間窗理論 (Time Window Theory)

說服理論 (Persuade Theory)

漸近理論 (Asymptotic Theory)

捐款徵信 (Donation Search)

是非題

1.(O) 非營利組織會設計各種公益活動並估計該活動所需的款數當作募款目標有「專款專用」和「快速募款」兩個優點。

2.(X) 常態性公益活動為地震、水災等特殊事件所引發的公益活動。

3.(O) 經常捐款者為捐款較固定、有自己的捐款計劃訂定、捐款目標的個人，為非營利組織募款中不可忽視的「中堅分子」。

4.(O) 報稅季節為非營利組織的募款狩獵季節。

5.(O) 「以身作則」是最佳的勸募行為，募款者本身有從事公益捐款可提升社會大眾對特定公益活動的信任度。

6.(X) 募款者只在乎募款任務，而不確實監督募款用途，募款者的角色即是為「收帳者」。

7.(O) 「以身作則」是最佳的勸募行為，募款者本身有從事公益捐款可提升社會大眾對特定公益活動的信任度。

8.(X) 說服理論指社會大眾的態度難以在短期內改變，非營利組織必需要每隔一段時間進行說服，並逐步改變社會大眾的想法以獲得群眾的資金捐助。

選擇題

1.(2) 募款者只是按時向捐款人勸募，而不顧及捐款人的需求為哪種募款人員應該避免的角色？

　　(1)乞討者、(2)收帳者、(3)推銷者、(4)仲介者。

2.(4) 募款者利用社會大眾的惻隱之心來達成募款的目的為哪種募款人員應該避免的角色？

　　(1)乞討者、(2)收帳者、(3)推銷者、(4)仲介者。

3.(1) 募款者盡力讓捐款人和受款弱勢族群都滿意為募款者應該扮演的何種角色？

　　(1)經紀人、(2)批發商、(3)執行者、(4)以上皆是。

4.(2) 何種理論認為捐贈行為是一種「雙向對稱」的「基本價值交換情境」，捐贈者藉由捐贈物資與財力以達成「提升自我形象」、「獲取社會地位」和「獲取肯定與表揚」、「實現個人理念」、「彌補自己過去遺憾」或「自利抵稅」等目的？

　　(1)項鍊理論、(2)交易分析理論(3)、時間窗理論、(4)說服理論。

問題與討論

1. 名詞解釋
(a)項鍊理論
(b)交易分析理論
(c)時間窗理論
(d)說服理論
(e)漸近理論
(f)捐款徵信

2. 請研究台灣世界展望會的饑餓三十活動中會捐款社會大眾之人口統計特徵，假如你是饑餓三十活動主辦單位，你會如何藉由此活動勸募人們捐款？

2016. May

非營利組織的專案管理

「凡事豫則立，不豫則廢。」 －中庸

第一節 專案管理的意義

專案管理(Project Management)是管理者運用管理知識、工具和技術於專案活動上以達成解決特定問題或完成組織特定需求(Munns和Bjeirmi，1996)的行為。

對非營利組織而言，非營利組織的各種公益活動可以視為各種專案，其內皆包含下列各種專案元素：

(1)專案目的(公益活動目標)

(2)專案執行時間(公益活動施行區間)

(3)專案執行成本(公益活動預算)

(4)專案執行人力(公益活動人力資源)

(5)專案執行範圍(公益活動服務範圍)

以專案管理的概念，進行非營利組織的公益活動管理有以下優點：

(1) 活動管理：

公益活動要成功執行需由許多子活動組成，例如，XYZ基金會執行海外特定地區的生產發展計劃時，需要見到該地區的需求發展評估、生產計劃設計、募款活動設計與施行、物資購置與配送、生產專業知識的教導等，其相關活動是一環扣一環，運用「專案管理」的概念實行公益活動管理有助於公益活動流

程的控管。

(2) 成本控管：

非營利組織的公益活動需要運用到許多資源，公益活動要圓滿完成其執行時間冗長，而由於物價會隨者時間經過而成長，因此有必要對公益活動的所需經費進行合理估計，專案管理可對非營利組織的公益活動中的各項資源的成本進行合理概算，以利公益活動的順利進行。

(3) 時間估計：

非營利組織的公益活動執行時間估計是該公益活動計劃的重要資訊，該資訊會影響政府的活動補助金融、企業與人民的捐款意願，專案管理的計劃評估和審查技術(Program Evaluationand Review Technique，PERT)可合理估計特定公益活動所需執行的時間。

第二節 專案成本控制

雖說，非營利組織不以營利為目的，但是，非營利組織亦應注重效率，才能讓非營利組織所募得的每一分人力、財力與物力發揮最大的效用。

非營利組織的公益活動會使用到各式各樣的資源，而這些資源應轉化為「成本」才能讓社會大眾了解，各種公益活動所需付出的代價，各種公益活動亦需對其活動成本進行控管以杜絕浪費並極大化各種資源的使用效益，以下是專案成本評估方法(淨現值法)。

淨現值(Net Present Value，NPV)是一項公益活動所產生的未來現金流的折現值，其可以估算一項公益活動的實際代價(謝德宗，2015)。

淨現值=未來活動支出的總現值，其公式為

$$NPV = \sum_{i=1}^{n} \frac{NFC(i)}{(1+r)^i}$$

其中，n為公益活動的執行總期數，r為非營利組織管理者所估計公益活動期間每一期的平均物價、NFC(i)為公益活動期間第i期的物資需求，其單位為新台幣。

假設，XYZ基金會於2016年7月評估在2017年1月到肯亞施行「生產發展計劃」的成本，表9-1為該計劃中各個活動階段所需的經費成本，該活動的(活動代價)淨現值為何(每年的平均物價假設為3%)？

表9-1. 肯亞「生產發展計畫」的各個活動階段經費成本

經費執行期間	活動任務	經費
2017年1月	肯亞生產需求發展評估	10萬
2017年2月	肯亞生產計劃設計	20萬
2017年3月	肯亞募款活動設計與施行	50萬
2017年5月	物資購置與配送	50萬
2017年7月	生產專業知識的教導	100萬

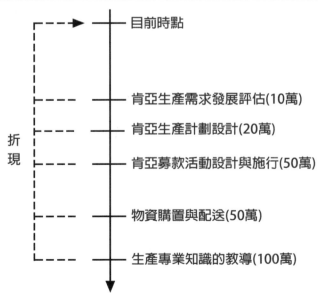

圖9-1. 肯亞「生產發展計畫」的成本折現概念

淨現值=

$$\frac{10 \text{ 萬}}{(1+0.03)^{6/12}}+\frac{20 \text{ 萬}}{(1+0.03)^{7/12}}+\frac{50 \text{ 萬}}{(1+0.03)^{8/12}}+\frac{50 \text{ 萬}}{(1+0.03)^{10/12}}+\frac{100 \text{ 萬}}{(1+0.03)^{12/12}}$$

=101489+203478+509951+512469+1030000=2357387

第三節 專案進度控制

非營利組織的公益活動施行需要進行活動時間評估與流程控管,計劃評估和審查技術(Program Evaluationand Review Technique)為常用的活動流程管理技術,可用來評估公益活動的整體執行時間與對活動進行流程管理。

計劃評估和審查技術(PERT)是一種類似流程圖的箭線圖,PERT描繪出公益活動內各種子活動的先後次序,標明每項子活動的時間,對於PERT網路,公益活動管理者必須考慮要做哪些子活動,並確定各個子活動的先後關係(Cottrell,1999)。

PERT圖內含事件、活動和關鍵路線3個重要事件,分述如下:

(1) **事件**(Events):事件表示主要行動結束的時點。

(2) **活動**(Activities):行動表示從一個事件到另一個事件之間的過程。

(3) **關鍵路線**(Critical Path):關鍵路線指PERT網路中花費時間最長的事件和活動之序列。

在PERT中,公益活動所細分的每個子活動需估計其可能的執行時間,由於,現實情況下,公益活動的子活動可能提早完成、亦可能延後完成,因此,公益活動的子活動的活動時間可以分成下列3種情況:

a_i為子活動i的最短持續時間(亦稱樂觀估計時間)。

b_i為子活動i的最長持續時間(亦稱悲觀估計時間)。

c_i為子活動i的正常持續時間。

子活動 $i(t_i)$的平均持續時間為 $t_i = \dfrac{a_i + b_i + 4*c_i}{6}$

PERT的計算步驟如下：(周庭銳，2001)

步驟(1)將公益活動細分成各個子活動。

步驟(2)決定公益活動中每個子活動完成的先後次序。

步驟(3)繪製從起點到終點的活動流程圖形，明確表示出每項子活動與其它子活動的關係，用圓圈表示事件、用箭線表示子活動，並得到一幅箭線流程圖，稱之為「PERT網路」。

步驟(4)估計和計算每項子活動的完成時間。

步驟(5)藉助包含子活動時間的網路圖，管理者能夠制定出包括每項子活動開始和結束日期的全部項目的日程計劃。

為了讓讀者了解如何應用PERT與公益活動的執行時間估計上，筆者以XYZ基金會於2016年7月評估在2017年1月到肯亞施行「生產發展計劃」為例進行說明：

步驟(1)：XYZ基金會可將「肯亞生產發展計劃」此公益活動分成下列9個子流程

(i)肯亞生產需求發展評估

(ii)設計肯亞生產計劃

(iii)設計肯亞募款活動

(iv)施行肯亞募款活動

(v)施行肯亞志工招募活動

(vi)物資購置

(vii)物資配送

(viii)生產專業知識的教導

(ix)計劃成果評估

步驟(2)：XYZ基金會可為「肯亞生產發展計劃」中的各個子活動設計流程先後次序，如表9-2所示。

表9-2. 肯亞生產發展計畫的子活動先後次序

目前活動	後續活動
開始	(i)肯亞生產需求發展評估
(i)肯亞生產需求發展評估	(ii)設計肯亞生產計劃
(ii)設計肯亞生產計劃	(iii)設計肯亞募款活動
(iii)設計肯亞募款活動	(iv)施行肯亞募款活動
	(v)施行肯亞志工招募活動
(iv)施行肯亞募款活動	(vi)物資購置
(v)施行肯亞志工招募活動	(viii)生產專業知識的教導
(vi)物資購置	(vii)物資配送
(vii)物資配送	(viii)生產專業知識的教導
(viii)生產專業知識的教導	(ix)計畫成果評估
(ix)計畫成果評估	結束

步驟(3)：XYZ基金會繪製「肯亞生產發展計劃」中從起點到終點的活動流程圖形，如圖9-2所示。

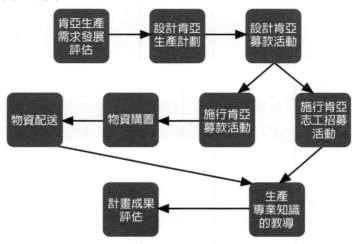

圖9-2. 肯亞生產發展計畫的PERT網路

步驟(4)：XYZ基金會估計和計算「肯亞生產發展計劃」每項子活動的完成時間，如表9-3所示。

表9-3. XYZ基金會「肯亞生產發展計畫」每項子活動執行時間

目前活動	樂觀估計時間	正常持續時間	悲觀估計時間	平均持續時間
(i)肯亞生產需求發展評估	20	30	40	30
(ii)設計肯亞生產計劃	15	20	25	20
(iii)設計肯亞募款活動	**20**	**30**	**40**	30
(iv)施行肯亞募款活動	60	80	100	80
(v)施行肯亞志工招募活動	75	90	100	89
(vi)物資購置	20	30	40	30
(vii)物資配送	25	30	45	32
(viii)生產專業知識的教導	150	200	250	200
(ix) 計畫成果評估	30	40	50	40

步驟(5)：XYZ基金會根據肯亞生產發展計劃PERT網路制定每項子活動的開始日期和結束日期，如表9-4所示。

表9-4. XYZ基金會「肯亞生產發展計畫」每項子活動的開始日期與結束日期

目前活動	開始日期	執行時間	結束日期
(i)肯亞生產需求發展評估	0天	30天	30天
(ii)設計肯亞生產計劃	30天	20天	50天
(iii)設計肯亞募款活動	50天	30天	80天
(iv)施行肯亞募款活動	80天	80天	160天
(v)施行肯亞志工招募活動	80天	89天	169天
(vi)物資購置	160天	30天	190天
(vii)物資配送	190天	32天	222天
(viii)生產專業知識的教導	222天	200天	422天
(ix) 計畫成果評估	422天	40天	462天

專有名詞

專案管理 (Project Management)

淨現值 (Net Present Value，NPV)

關鍵路線 (Critical Path)

事件 (Events)

活動 (Activities)

專案管理的計劃評估和審查技術

(Program Evaluationand Review Technique，PERT)

是非題

1.(O) 專案管理是管理者運用管理知識、工具和技術於專案活動上以達成
解決特定問題或完成組織特定需求的行為。

2.(X) 計劃評估和審查技術可合理估計特定公益活動所需執行的成本。

3.(O) PERT圖內含事件、活動和關鍵路線3個重要事件。

4.(X) 關鍵路線指PERT網路中花費時間最短的事件和活動之序列。

問題與討論

1. ABC基金會於2013年7月評估在2015年1月施行「反性別暴力海報設計比賽」的成本，下表為該計劃中各個活動階段所需的經費成本，請問該活動的淨現值（活動代價）為何（每年的平均物價假設為5%）？

反性別暴力宣導海報設計比賽的各個活動階段經費成本

經費執行期間	活動任務	經費
2014年1月	「反性別暴力海報設計比賽」經費評估	4萬
2014年3月	「反性別暴力海報設計比賽」之募款活動設計	1萬
2014年5月	「反性別暴力海報設計比賽」之募款活動執行	3萬
2014年5月	「反性別暴力海報設計比賽」之志工招募活動執行	3萬
2014年7月	宣導「反性別暴力海報設計比賽」	20萬
2015年1月	執行「反性別暴力海報設計比賽」	20萬
2015年4月	分析「反性別暴力海報設計比賽」的活動成效	2萬

2. ABC基金會的「反性別暴力海報設計比賽」要估計其執行時間，其每項子活動執行時間的相關資訊如下表請計算其平均持續時間？

ABC基金會的「反性別暴力海報設計比賽」每項子活動執行時間

目前活動	樂觀估計時間	正常持續時間	悲觀估計時間	平均持續時間
子活動(1)「反性別暴力海報設計比賽」經費評估	10	15	18	
子活動(2)「反性別暴力海報設計比賽」之募款活動設計	25	30	36	
子活動(3)「反性別暴力海報設計比賽」之募款活動執行	30	40	45	

子活動(4)「反性別暴力海報設計比賽」之志工招募活動執行	30	35	40	
子活動(5)宣導「反性別暴力海報設計比賽」	15	18	20	
子活動(6)執行「反性別暴力海報設計比賽」	3	3	3	
子活動(7)分析「反性別暴力海報設計比賽」的活動成效	4	5	6	

3. ABC基金會的「反性別暴力海報設計比賽」要規劃其執行時間，已知其子活動先後次序，請畫出該活動的PERT圖與每項子活動的開始日期與結束日期？

「反性別暴力海報設計比賽」的子活動先後次序

目前活動	後續活動
開始	子活動(1)「反性別暴力海報設計比賽」經費評估
子活動(1)「反性別暴力海報設計比賽」經費評估	子活動(2)「反性別暴力海報設計比賽」之募款活動設計
子活動(2)「反性別暴力海報設計比賽」之募款活動設計	子活動(3)「反性別暴力海報設計比賽」之募款活動執行 子活動(4)「反性別暴力海報設計比賽」之志工招募活動執行
子活動(3)「反性別暴力海報設計比賽」之募款活動執行	子活動(5)宣導「反性別暴力海報設計比賽」
子活動(4)「反性別暴力海報設計比賽」之志工招募活動執行	子活動(5)宣導「反性別暴力海報設計比賽」
子活動(5)宣導「反性別暴力海報設計比賽」	子活動(6)執行「反性別暴力海報設計比賽」
子活動(6)執行「反性別暴力海報設計比賽」	子活動(7)分析「反性別暴力海報設計比賽」的活動成效
子活動(7)分析「反性別暴力海報設計比賽」的活動成效	結束

「反性別暴力海報設計比賽」每項子活動的開始日期與結束日期

目前活動	開始日期	執行時間	結束日期
子活動(1)「反性別暴力海報設計比賽」經費評估			
子活動(2)「反性別暴力海報設計比賽」之募款活動設計			
子活動(3)「反性別暴力海報設計比賽」之募款活動執行			
子活動(4)「反性別暴力海報設計比賽」之志工招募活動執行			
子活動(5)宣導「反性別暴力海報設計比賽」			
子活動(6)執行「反性別暴力海報設計比賽」			
子活動(7)分析「反性別暴力海報設計比賽」的活動成效			

非營利組織的績效管理

無法評估，就無法管理 —管理學家 瓊·瑪格麗塔

第一節 績效管理的意義與重要性

績效考核對任何個人與組織皆是一件重要的事，其原因如下(孫煒，2006)：

(1) 明確指出努力方向：

不管是組織或是個人，績效考核會制定許多指標，這些指標除了與組織使命相匹配外，重點是這些指標會指引組織或是個人應該努力的方向。

(2) 獎賞與處罰標準

政府要合法補助非營利組織、非營利組織要合理獎賞組織成員需有一套可以服人的說法，績效考核結果是最有公信力的獎懲原因。

(3) 組織防惰機制

不管是人或組織都一定有惰性，常態性的績效考核可以使個人或組織處於可以檢視行為的狀態，其有助於個人或組織積極向上。

(4) 行為與政策修正機制

由於，常態性的績效考核可以讓個人或組織檢視其表現，因此當表現不如預期時，個人或組織便可以擬定對策以修正自己的行為以翻轉其劣質表現。

所以說，績效考核與管理對個人或是組織皆是一件重要的活動。

第二節 非營利組織的績效指標設計

非營利組織的績效指標是用以評估組織或是組織成員的表現，績效評估有兩種類型「成果型績效評估」、「規範型績效評估」，分述如下：

(1) 成果型績效評估 (Achievement Performance Evaluation Model)

成果型績效評估指衡量個人或是組織的績效看其最終表現，而不管其過程，例如，EFG基金會負責推廣身心障礙的就業服務活動，政府如只看在特定一段區間內(例如，某一個年度)該基金會共輔導多少位身心障礙者成功就業，而不管推廣服務過程中，EFG基金會組織成員的努力表現(例如，EFG基金會組織成員教導身心障礙者的時間與精力)便是為「成果型績效評估」。

(2) 規範型績效評估 (Norm Performance Evaluation Model)

規範型績效評估指衡量個人或是組織的績效看其日常的行為表現有無合乎規範，例如，EFG基金會負責推廣身心障礙的就業服務活動，政府看在特定一段區間內(例如，某一個年度)該基金會是否完成政府對身心障礙者的輔導要求(例如，每位身心障礙者上N小時的輔導課、每位身心障礙者共協調其與企業媒合M次)，而不管該身心障礙者是否實際找到工作為「規範型績效評估」。

政府衡量非營利組織的成果以「成果型績效評估」為主、「規範型績效評估」為輔。

非營利組織建立績效指標有兩個步驟，一為蒐集整理指標、二為指標架構建立，分述如下：

(1) 蒐集整理指標

政府評估非營利組織的運作績效時需從文獻蒐集與整理指標，其相關指標如下：

(ⅰ)平衡計分卡(The Balanced Score Card，BSC)

平衡計分卡為Kaplan與Norton在《哈佛管論》所發表的研究報告，其主要從財務、顧客、內部流程、創新與學習四種計量可具體操作的目標，設置一一對應的績效評價指標體系以對特定組織進行績效分析(Kaplan和Norton，1996)(如圖10-1所示)。

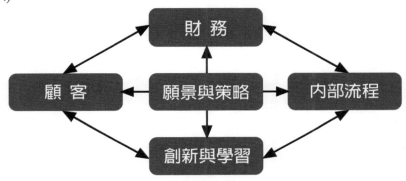

圖10-1.平衡計分卡績效系統

資料來源：(Kaplan和Norton，1996)

平衡計分卡的四種計量指標說明如下：

(a)財務指標：

財務指標衡量非營利組織的財務狀況，其指標有非營利組織總資本、總現金、每年平均募款額等。

(b)顧客指標：

顧客指標衡量非營利組織的服務成果效用，其指標有弱勢族群服務人數、弱勢族群滿意度、輔導弱勢族群就業人數、弱勢族群需求回應比率等、組織舉辦活動的頻率、參與活動的顧客人數、活動及顧客的成長率，顧客指標的子指標會隨著各種非營利組織的服務類型的不同而有所差異。

(c)內部流程指標：

內部流程指標衡量非營利組織內部服務流程的優化程度，其子指標有個案服務效率、個案服務品質等子指標。

(d)創新與學習指標：

創新與學習指非營利組織的知識傳承程度，其指標有非營利組織內部相關作業流程的標準化程度、志工流動比率、職工流動比率等子指標。

(ii)社會指標：(林淑馨，2008)

社會指標指特定非營利組織對社會產生的效用，為對全體社會影響給予反應的概括性評量，其可能為犯罪率、失業率、環境改善程度等(依特定非營利組織的目標而有所差異)。

(iii)關係指標：

關係指標指非營利組織對外關係的改善程度，其可能為組織與外部團體的關係、外部對組織的認同程度等。

(iv)CORPS模式(CORPS Model)(司徒達賢，1999)

CORPS為司徒達賢提出的非營利組織管理模式，其內有

C：Clients(服務的對象)。

O：Operations(業務運作，含規劃與管理)。

R：Resources(財力與物力資源，含資源的提供者)。

P：Participants(參與者，含專職人員與志工)。

S：Services(所創造或提供的服務)。

上述模式分成服務的對象、業務運作、財力與物力資源、參與者和服務內容5個構面，用以檢視非營利組織的績效。

(2)指標架構建立

非營利組織對於所蒐集到的指標必需進行篩選，才能用來評估非營利組織的績效優劣，指標的篩選有門檻法(Threadhold Method)與分群法(Cluster Method)兩種方法可以使用：

(i)門檻法

門檻法指使用設立門檻的方式將部份指標篩除；門檻法有兩種篩選模式，一種是由非營利組織決定篩選比例，用以決定所要應用的指標數目，另一種是由非營利組織決定門檻，並將大於該門檻的各種非營利指標納為所要使用的評估準則。

(ii)分群法

分群法指使用電腦分群(例如，k mean分群、Fuzzy c mean分群)的方式將部份指標篩除。

以下說明如何使用門檻法刪除部份指標，其步驟如下：

步驟1.非營利組織蒐集與整合相關組織績效指標。

步驟2.非營利組織指派專家從事績效指標的篩選，專家可使用李科特量表(Likert Scale)表達各個績效指標重要性的意見(如表10-1所示)

表10-1. 不同類型的李科特量表

類型		量表內容								
五點量表	績效	極不重要	不重要	一般	好	極重要				
	評估資訊	1分	2分	3分	4分	5分				
七點量表	績效	極不重要	不重要	稍不重要	一般	稍重要	重要	極重要		
	評估資訊	1分	2分	3分	4分	5分	6分	7分		
九點量表	績效	極不重要	非常不重要	不重要	稍不重要	一般	稍重要	重要	非常重要	極重要
	評估資訊	1分	2分	3分	4分	5分	6分	7分	8分	9分

步驟3.使用簡單加權平均法整合專家對於各個績效指標重要性的意見。

步驟4.非營利組織決定所要使用篩選方法並使用篩選方法進行指標篩選以獲得所需結果。

假設TUV基金會要進行組織績效評估，根據上述步驟TUV基金會的績效評估準則篩選流程如下：

步驟1.TUV基金會蒐集相關組織績效考核指標如表10-2所示：

表10-2. TUV基金會的組織績效考核指標

(1) 當年度平均募款額	(10) 組織形象
(2) 當年度平均新進志工人數	(11) 組織的知識傳承程度
(3) 殘障人員服務人數	(12) 組織內部相關作業流程的標準化程度
(4) 殘障人員服務滿意度	(13) 志工流動比率
(5) 殘障人員輔導就業人數	(14) 職工流動比率
(6) 組織舉辦活動次數	(15) 組織爭取到政府計劃案的數量
(7) 組織舉辦活動之活動參與人數	(16) 殘障人員服務效率
(8) 組織服務殘障人員之人數成長率	(17) 殘障人員服務品質
(9) 組織與其他國際同質性組織的關係	(18) 殘障人員的服務回應速度

步驟2.TUV基金會指派5位專家從事績效指標的篩選，3位專家使用李科特9點量表表達各個績效指標重要性的意見，如表10-3所示

表10-3. 專家對各個績效指標重要性的意見

	專家1	專家2	專家3	專家4	專家5
(1) 當年度平均募款額	極重要	非常重要	稍不重要	重要	稍重要
(2) 當年度平均新進志工人數	稍不重要	重要	一般	稍重要	稍不重要
(3) 殘障人員服務人數	重要	稍重要	稍不重要	重要	非常不重要
(4) 殘障人員服務滿意度	稍不重要	稍不重要	非常不重要	非常不重要	一般
(5) 殘障人員輔導就業人數	不重要	不重要	稍重要	一般	稍重要
(6) 組織舉辦活動次數	重要	稍重要	稍不重要	一般	稍不重要
(7) 組織舉辦活動之活動參與人數	非常重要	稍不重要	不重要	稍重要	稍重要
(8) 組織服務殘障人員之人數成長率	非常重要	極重要	極重要	極重要	稍重要
(9) 組織與其他國際同質性組織的關係	稍不重要	非常不重要	非常不重要	不重要	非常不重要
(10) 組織形象	稍不重要	稍不重要	非常不重要	稍不重要	一般
(11) 組織的知識傳承程度	重要	一般	重要	重要	一般

(12) 組織內部相關作業流程的標準化程度	稍不重要	稍重要	稍不重要	一般	重要
(13) 志工流動比率	稍不重要	重要	非常重要	稍不重要	一般
(14) 職工流動比率	稍重要	一般	非常重要	重要	稍重要
(15) 組織爭取到政府計劃案的數量	稍重要	一般	重要	稍重要	一般
(16) 殘障人員服務效率	稍不重要	稍重要	重要	重要	重要
(17) 殘障人員服務品質	極重要	非常重要	稍重要	稍重要	稍重要
(18) 殘障人員的服務回應速度	稍不重要	非常重要	一般	稍重要	一般

步驟3.使用簡單加權平均法整合專家對於各個績效指標重要性的意見如表10-4所示。

表10-4. 專家對於各個績效指標重要性的整合意見

	專家整合意見
(1) 當年度平均募款額	6.8
(2) 當年度平均新進志工人數	5.2
(3) 殘障人員服務人數	5.2
(4) 殘障人員服務滿意度	3.4
(5) 殘障人員輔導就業人數	4.6
(6) 組織舉辦活動次數	5.2
(7) 組織舉辦活動之活動參與人數	5.4
(8) 組織服務殘障人員之人數成長率	8.2
(9) 組織與其他國際同質性組織的關係	2.6
(10) 組織形象	3.8
(11) 組織的知識傳承程度	6.2
(12) 組織內部相關作業流程的標準化程度	5.2
(13) 志工流動比率	5.6
(14) 職工流動比率	6.4
(15) 組織爭取到政府計劃案的數量	5.8
(16) 殘障人員服務效率	6.2
(17) 殘障人員服務品質	7
(18) 殘障人員的服務回應速度	5.6

步驟4.TUV基金會如使用門檻法、K Mean分群法與Fuzzy C Mean分群法的篩選結果如表10-5所示。

表10-5. 專家對於各個績效指標重要性的整合意見

	門檻法 (門檻為整合意見≥5.0)	門檻法 (門檻為篩選率50%)	K Mean 分群法	Fuzzy C Mean 分群法
(1) 當年度平均募款額	保留	保留	保留	保留
(2) 當年度平均新進志工人數	保留			
(3) 殘障人員服務人數	保留			
(4) 殘障人員服務滿意度				
(5) 殘障人員輔導就業人數				
(6) 組織舉辦活動次數	保留			
(7) 組織舉辦活動之活動參與人數	保留		保留	保留
(8) 組織服務殘障人員之人數成長率	保留	保留	保留	保留
(9) 組織與其他國際同質性組織的關係				
(10) 組織形象				
(11) 組織的知識傳承程度	保留	保留	保留	保留
(12) 組織內部相關作業流程的標準化程度	保留			
(13) 志工流動比率	保留	保留	保留	保留
(14) 職工流動比率	保留	保留	保留	保留
(15) 組織爭取到政府計劃案的數量	保留	保留	保留	保留
(16) 殘障人員服務效率	保留	保留	保留	保留
(17) 殘障人員服務品質	保留	保留	保留	保留
(18) 殘障人員的服務回應速度	保留	保留	保留	保留

第三節 非營利組織的績效評估

績效評估是分析非營利組織成效的重要流程，其分析主要包括下列3個流程(1)制訂評估準則、(2)資料蒐集、(3)績效評價，分述如下：

(1) 制訂評估準則

評估準則的制定會影響非營利組織的發展方向與組織向外界爭取資源的標

準，其相關討論請參閱第10章第2節。

(2) 資料蒐集

當非營利組織已決定績效衡量的標準後，非營利組織管理者如要衡量自身組織的績效需對自身組織的營運管理進行資料蒐集，資料有量化資料與質化資料兩種類型，說明如下：

(i)量化資料：量化資料指數據類型的資料，例如，當年度平均募款額、當年度平均新進志工人數、殘障人員服務人數、殘障人員輔導就業人數、組織舉辦活動次數、組織舉辦活動之活動參與人數、組織服務殘障人員之人數成長率、志工流動比率、職工流動比率、組織爭取到政府計劃案的數量等。

(ii)質化資料：質化資料為無法藉由蒐集數據進行判斷的資料，此種資料主要由調查專家對非營利組織在特定評估準則下的意見而獲得，例如，組織與其他國際同質性組織的關係、組織形象、組織的知識傳承程度、組織內部相關作業流程的標準化程度、殘障人員服務效率、殘障人員服務品質等。

專家表達意見最常用的方法為李科特量表如表10-6所示。

表10-6. 李科特量表

類型	語意變數								
五點量表	極差	差	一般	好	極好				
	1分	2分	3分	4分	5分				
七點量表	極差	差	稍差	一般	稍好	好	極好		
	1分	2分	3分	4分	5分	6分	7分		
九點量表	極差	非常差	差	稍差	一般	稍好	好	非常好	極好
	1分	2分	3分	4分	5分	6分	7分	8分	9分

(3) 績效評價

「績效評價」指根據所蒐集的資訊對非營利組織的表現進行整體評價，多準則決策分析法可用來對非營利組織的整體評價進行分析，多準則決策分

析法有簡單加權平均法、逼近理想解排序法、折衷排序法、ELECTRE法和偏好順序結構評估法(Preference ranking organization method for enrichment evaluation, PROMETHEE)等技術，其中，簡單加權平均法、逼近理想解排序法、折衷排序法已於第6章進行說明在此不再贅述，ELECTRE分析法和偏好順序結構評估法，則分述如下：

非營利組織的績效評估會運用到一些數學符號以表示現實社會績效衡量現象：

(i) $A = \{A_1, A_2,..., A_m\}$ 為非營利組織集合。

(ii) $C = \{C_1, C_2,..., C_n\}$ 為評估準則集合。

(iii) $D = [x_{ij}]_{m \times n},\ i = 1,2,..., m,\ j = 1,2,..., n$ 為多準則決策矩陣，x_{ij} 為第i個非營利組織 A_i 第j個評估準則 C_j 的績效值。

(iv) $W = \{w_1, w_2,..., w_n\}$ 為評估準則集合，w_j 為評估準則 C_j 的權重值。
(a)ELECTRE

Benayoun等人(1966)提出ELECTRE分析技術，該技術利用成對比較的方式，分析各個非營利組織的績效，執行步驟如下所示(Roy，1991；Figueira等人，2005)：

步驟1：蒐集非營利組織在各個評估準則構面上的相關資訊。

步驟2：對非營利組織在各個評估準則構面的表現進行正規化。

(i)當評估準則為正向評估準則時

非營利組織i在第j個評估準則的正規化公式為 $x_{ij}^{nor} = x_{ij}/max_i(x_{ij})$。

(ii)當評估準則為負向評估準則時

非營利組織i在第j個評估準則的正規化公式為 $x_{ij}^{nor} = 1 - x_{ij}/max_i(x_{ij})$。

步驟3：非營利組織決定所有評估準則的偏好門檻值為 p_j、無差異門檻值 q_j、否定門檻值 v_j。

步驟4：針對非營利組織i比非營利組織l，計算各評估準則的滿意度指標值

$C_j(A_i, A_l)$，公式如下：

$$
C_j(A_i, A_l) = \begin{cases} 1 & , x_{ij} \geq x_{lj} - q_j \\ \dfrac{x_{ij} - x_{lj} + p_j}{p_j - q_j} & , x_{lj} - q_j \geq x_{ij} \geq x_{lj} - p_j \\ 0 & , x_{ij} \leq x_{lj} - p_j \end{cases}
$$

步驟5：計算非營利組織i比非營利組織l的整體的滿意度值 $C_j(A_i, A_l)$，公式如下：

$$
C(A_i, A_l) = \dfrac{\sum\limits_{j=1}^{n} w_j C_j(A_i, A_l)}{\sum\limits_{j=1}^{n} w_j}
$$

步驟6：計算非營利組織i優於非營利組織l在各評估準則下的不滿意度值 $D_j(A_i, A_l)$，公式如下：

$$
D_j(A_i, A_l) = \begin{cases} 1 & , x_{ij} \leq x_{lj} - v_j \\ \dfrac{x_{lj} - p_j - x_{ij}}{v_j - p_j} & , x_{lj} - p_j \geq x_{ij} \geq x_{lj} - v_j \\ 0 & , x_{ij} \geq x_{lj} - p_j \end{cases}
$$

步驟7：計算非營利組織i優於非營利組織l可靠度值 $S(A_i, A_l)$，公式如下：

$$S(A_i, A_l) = \begin{cases} C(A_i, A_l), & \text{if} \quad D_j(A_i, A_l) \le C(A_i, A_l) \quad \forall j \\ C(A_i, A_l) \prod\limits_{j \in J(A_i, A_l)} \dfrac{1 - D_j(A_i, A_l)}{1 - C(A_i, A_l)}, & \text{otherwise} \end{cases}$$

其中，$J(A_i, A_l)$ 為非營利組織i與非營利組織l相比時，符合不滿意度值大於滿意度值之評估準則所構成之集合。

步驟8：計算非營利組織i的流出量，亦即非營利組織l優於所有其他非營利組織之程度值的總和，公式如下：

$$\phi^+(A_i) = \sum\limits_{A_l \in A} S(A_i, A_l)$$

步驟9：計算非營利組織i的流入量，亦即所有其他非營利組織優於非營利組織i的程度值的加總，公式如下：

$$\phi^-(A_i) = \sum\limits_{A_l \in A} S(A_l, A_i)$$

步驟10：計算非營利組織i的淨流量，公式如下：

$$\phi(A_i) = \phi^+(A_i) - \phi^-(A_i)$$

步驟11：將淨流量標準化到0與1之間，以利進行比較：

$$OTI(A_i) = \frac{\dfrac{\phi(A_i)}{m-1} + 1}{2}$$

根據OTI值就可以針對所有非營利組織進行績效優劣排序。

(b)偏好順序結構評估法

Brans等人(1984)提出偏好順序結構評估法，該方法的優點在於可以依據專家的偏好制定偏好函數並處理相互衝突的評估準則(Goumas和Lygerou，2000)，

偏好順序結構評估法有以下6種偏好函數可以運用

(i)通用類型(Usual criterion)

$$H\left(x_{rj}, x_{sj}\right) = \begin{cases} 1, x_{rj} \geq x_{sj} \\ 0, x_{rj} < x_{sj} \end{cases}$$

(ii)類似類型(Quasi criterion)

$$H\left(x_{rj}, x_{sj}\right) = \begin{cases} 1, x_{rj} - x_{sj} > l \\ 0, x_{rj} - x_{sj} \leq l \end{cases}$$

(iii)線性偏好類型(Criterion with linear preference)

$$H\left(x_{rj}, x_{sj}\right) = \begin{cases} 1 & , x_{rj} - x_{sj} > m \\ \dfrac{x_{rj} - x_{sj}}{m}, & 0 < x_{rj} - x_{sj} \leq m \\ 0 & , x_{rj} - x_{sj} \leq 0 \end{cases}$$

(iv)水平類型(Level criterion with linear preference)

$$H\left(x_{rj}, x_{sj}\right) = \begin{cases} 1, x_{rj} - x_{sj} > p \\ \dfrac{1}{2}, q \leq x_{rj} - x_{sj} \leq p \\ 0, q \leq x_{rj} - x_{sj} \end{cases}$$

(v)線性偏好及無差異類型(Criterion with linear preference and indifference area)

$$H\left(x_{rj}, x_{sj}\right) = \begin{cases} 1 & , p < x_{rj} - x_{sj} \\ \dfrac{x_{rj} - q}{p - q} & , q \le x_{rj} - x_{sj} \le p \\ 0 & , x_{rj} - x_{sj} < q \end{cases}$$

(vi)高斯類型(Guassian criterion)

$$H\left(x_{rj}, x_{sj}\right) = \begin{cases} 1 - e^{\dfrac{-\left(\left(x_{rj} - x_{sj}\right)\right)^2}{2\sigma^2}} & , x_{rj} - x_{sj} \ge 0 \\ 0 & , x_{rj} - x_{sj} < 0 \end{cases}$$

偏好順序結構評估法執行步驟如下所示：

步驟1：蒐集非營利組織在各個評估準則構面上的相關資訊。

步驟2：對非營利組織在各個評估準則構面的表現進行正規化。

(i)當評估準則為正向評估準則時

非營利組織i在第j個評估準則的正規化公式為 $x_{ij}^{nor} = x_{ij}/max_i(x_{ij})$。

(ii)當評估準則為負向評估準則時

非營利組織i在第j個評估準則的正規化公式為 $x_{ij}^{nor} = 1 - x_{ij}/max_i(x_{ij})$
。

步驟3：計算非營利組織r優於非營利組織s的整體偏好值，公式如下：

$$\pi(A_r, A_s) = \sum_{j=1}^{n} w_j * H_j(d)$$

步驟4：計算非營利組織r優於其他非營利組織的程度總和，稱為流出量，公式如下：

$$\phi^+(A_r) = \sum_{b \in A} \pi(A_r, b)$$

步驟5：計算其他非營利組織優於非營利組織r的程度總和，稱為流入量，公式如下：

$$\phi^-(A_r) = \sum_{b \in A} \pi(b, A_r)$$

步驟6：計算非營利組織r的淨流量，公式如下：

$$\phi(A_r) = \phi^+(A_r) - \phi^-(A_r)$$

步驟7：管理者可依據每個非營利組織的淨流量進行績效排序。

為了讓讀者了解如何使用ELECTRE和PROMETHEE進行績效排序，筆者以下列例子進行範例說明。

筆者假設政府要對5間專門輔導殘障就業的非營利組織進行2015年度的績效考評並決定其補助金額(假設這5間非營利組織的名字為甲基金會、乙基金會、丙基金會、丁基金會、戊基金會)，政府聘用4位專家並經由內部討論決定使用表10-2的18個績效考核指標衡量評估這5間專門輔導殘障就業的非營利組織之服務績效。

假如，政府要使用ELECTRE分析法進行績效考核，則相關流程步驟如下：

步驟1：政府蒐集5間基金會的績效資訊，其中包含量化的數據資訊，如表10-7所示與質化的專家意見資訊，如表10-7所示(專家使用李科特9點量表)。

表10-7. 量化的數據資訊

	甲基金會	乙基金會	丙基金會	丁基金會	戊基金會
當年度平均募款額	920萬	525萬	671萬	668萬	714萬
當年度平均新進志工人數	138人	96人	87人	154人	77人
殘障人員服務人數	73人	54人	43人	69人	99人
殘障人員輔導就業人數	24人	18人	21人	19人	27人
組織舉辦活動次數	4次	7次	3次	5次	8次
組織舉辦活動之活動參與人數	145人	114人	228人	179人	167人
組織服務殘障人員之人數成長率	12%	-16%	-11%	2%	8%
志工流動比率	65%	64%	76%	52%	65%
職工流動比率	24%	34%	20%	23%	33%
組織爭取到政府計劃案的數量	2件	0件	1件	1件	2件

表10-8. 質化的專家意見資訊

	專家1的意見				
	甲基金會	乙基金會	丙基金會	丁基金會	戊基金會
殘障人員服務滿意度	稍差	稍差	稍好	稍好	稍好
組織與其他國際同質性組織的關係	極好	非常好	一般	非常好	極好
組織形象	稍差	極好	非常好	極好	稍好
組織的知識傳承程度	稍差	非常好	極好	稍差	非常好
組織內部相關作業流程的標準化程度	稍好	極好	非常好	稍差	一般
殘障人員服務效率	一般	稍好	一般	極好	非常好
殘障人員服務品質	一般	好	稍好	一般	極好
殘障人員的服務回應速度	一般	稍差	稍差	稍差	一般
	專家2的意見				
	甲基金會	乙基金會	丙基金會	丁基金會	戊基金會
殘障人員服務滿意度	非常好	非常好	非常好	差	稍好
組織與其他國際同質性組織的關係	差	極好	極好	差	稍差
組織形象	好	非常好	非常好	好	稍差
組織的知識傳承程度	非常好	一般	稍差	稍差	一般
組織內部相關作業流程的標準化程度	非常好	差	好	差	差
殘障人員服務效率	非常好	稍好	差	稍好	差
殘障人員服務品質	一般	差	非常好	非常好	非常好
殘障人員的服務回應速度	稍差	稍差	差	差	極好

	專家3的意見				
	甲基金會	乙基金會	丙基金會	丁基金會	戊基金會
殘障人員服務滿意度	差	非常好	非常好	非常好	差
組織與其他國際同質性組織的關係	一般	差	好	差	一般
組織形象	好	一般	一般	極好	非常好
組織的知識傳承程度	非常好	極好	一般	極好	非常好
組織內部相關作業流程的標準化程度	非常好	稍差	稍好	極好	一般
殘障人員服務效率	非常好	稍差	一般	極好	一般
殘障人員服務品質	極好	稍好	非常好	非常好	稍好
殘障人員的服務回應速度	一般	一般	稍好	一般	好
	專家4的意見				
	甲基金會	乙基金會	丙基金會	丁基金會	戊基金會
殘障人員服務滿意度	非常好	稍好	非常好	稍好	非常好
組織與其他國際同質性組織的關係	非常好	極好	一般	非常好	稍好
組織形象	非常好	非常好	好	極好	非常好
組織的知識傳承程度	稍好	非常好	非常好	稍差	極好
組織內部相關作業流程的標準化程度	一般	極好	非常好	稍差	非常好
殘障人員服務效率	非常好	一般	極好	非常好	非常好
殘障人員服務品質	極好	好	非常好	非常好	稍好
殘障人員的服務回應速度	稍差	稍差	稍好	一般	非常好

步驟2：政府使用簡單加權平均法整合專家意見，如表10-9所示。

表10-9. 質化的專家意見整合資訊

	甲基金會	乙基金會	丙基金會	丁基金會	戊基金會
殘障人員服務滿意度	5.75	6.5	7.5	5.75	5.75
組織與其他國際同質性組織的關係	6.25	7.25	6.5	5.5	6
組織形象	6.5	7.5	7	8.5	6.5
組織的知識傳承程度	6.5	7.5	6.5	5.25	7.5
組織內部相關作業流程的標準化程度	6.75	6.25	7.25	5	5.25
殘障人員服務效率	7.25	5.25	5.5	8	6
殘障人員服務品質	7	5.75	7.5	7.25	7.25
殘障人員的服務回應速度	4.5	4.25	4.75	4.25	7.25

步驟3：政府對這5間專門輔導殘障就業的非營利組織之意見進行正規化，如表10-10所示。

表10-10. 非營利組織之正規化意見

	甲基金會	乙基金會	丙基金會	丁基金會	戊基金會
(1) 當年度平均募款額	1	0.2	0.4957	0.4896	0.5828
(2) 當年度平均新進志工人數	0.8338	0.3974	0.3039	1	0.2
(3) 殘障人員服務人數	0.6286	0.3571	0.2	0.5714	1
(4) 殘障人員服務滿意度	0.2	0.5429	1	0.2	0.2
(5) 殘障人員輔導就業人數	0.7333	0.2	0.4667	0.2889	1
(6) 組織舉辦活動次數	0.36	0.84	0.2	0.52	1
(7) 組織舉辦活動之活動參與人數	0.4175	0.2	1	0.6561	0.5719
(8) 組織服務殘障人員之人數成長率	1	0.2	0.3429	0.7143	0.8857
(9) 組織與其他國際同質性組織的關係	0.5429	1	0.6571	0.2	0.4286
(10) 組織形象	0.2	0.6	0.4	1	0.2
(11) 組織的知識傳承程度	0.6444	1	0.6444	0.2	1
(12) 組織內部相關作業流程的標準化程度	0.8222	0.6444	1	0.2	0.2889
(13) 志工流動比率	0.5667	0.6	0.2	1	0.5667
(14) 職工流動比率	0.7714	0.2	1	0.8286	0.2571
(15) 組織爭取到政府計劃案的數量	1	0.2	0.6	0.6	1
(16) 殘障人員服務效率	0.7818	0.2	0.2727	1	0.4182
(17) 殘障人員服務品質	0.7714	0.2	1	0.8857	0.8857
(18) 殘障人員的服務回應速度	0.2667	0.2	0.3333	0.2	1

步驟4：政府決定所有評估準則的偏好門檻值為p_j、無差異門檻值q_j、否定門檻值v_j，如表10-11所示。

表10-11. 所有評估準則的偏好門檻值、無差異門檻值、否定門檻值

	偏好門檻值	無差異門檻值	否定門檻值
(1) 當年度平均募款額	0.4	0.2	1
(2) 當年度平均新進志工人數	0.4	0.2	1
(3) 殘障人員服務人數	0.4	0.2	1
(4) 殘障人員服務滿意度	0.4	0.2	1
(5) 殘障人員輔導就業人數	0.4	0.2	1
(6) 組織舉辦活動次數	0.4	0.2	1
(7) 組織舉辦活動之活動參與人數	0.4	0.2	1
(8) 組織服務殘障人員之人數成長率	0.4	0.2	1
(9) 組織與其他國際同質性組織的關係	0.4	0.2	1
(10) 組織形象	0.4	0.2	1
(11) 組織的知識傳承程度	0.4	0.2	1
(12) 組織內部相關作業流程的標準化程度	0.4	0.2	1
(13) 志工流動比率	0.4	0.2	1
(14) 職工流動比率	0.4	0.2	1
(15) 組織爭取到政府計劃案的數量	0.4	0.2	1
(16) 殘障人員服務效率	0.4	0.2	1
(17) 殘障人員服務品質	0.4	0.2	1
(18) 殘障人員的服務回應速度	0.4	0.2	1

步驟5：計算各評估準則的滿意度指標值，如表10-12所示。

表10-12. 各評估準則的滿意度指標值

1當年度平均募款額	甲基金會	乙基金會	丙基金會	丁基金會	戊基金會
甲基金會	1	1	1	1	1
乙基金會	0	1	0.5215	0.5519	0.0881
丙基金會	0	1	1	1	1
丁基金會	0	1	1	1	1
戊基金會	0	1	1	1	1

2當年度平均新進志工人數	甲基金會	乙基金會	丙基金會	丁基金會	戊基金會
甲基金會	1	1	1	1	1
乙基金會	1	1	1	0	1
丙基金會	0	1	1	0	1
丁基金會	1	1	1	1	1
戊基金會	1	1	1	0	1

3殘障人員服務人數	甲基金會	乙基金會	丙基金會	丁基金會	戊基金會
甲基金會	1	1	1	1	0.1429
乙基金會	0.6429	1	1	0.9286	0
丙基金會	0	1	1	0.1429	0
丁基金會	1	1	1	1	0
戊基金會	1	1	1	1	1

4殘障人員服務滿意度	甲基金會	乙基金會	丙基金會	丁基金會	戊基金會
甲基金會	1	0.2857	0	1	1
乙基金會	1	1	0	1	1
丙基金會	1	1	1	1	1
丁基金會	1	0.2857	1	1	1
戊基金會	1	0.2857	1	1	1

5殘障人員輔導就業人數	甲基金會	乙基金會	丙基金會	丁基金會	戊基金會
甲基金會	1	1	1	1	0.6667
乙基金會	0	1	0.6667	1	1
丙基金會	0.6667	1	1	1	0
丁基金會	1	1	1	1	0
戊基金會	1	1	1	1	1

6組織舉辦活動次數	甲基金會	乙基金會	丙基金會	丁基金會	戊基金會
甲基金會	1	0	1	1	0
乙基金會	1	1	1	1	1
丙基金會	1	0	1	0.4	0
丁基金會	1	0.4	1	1	0
戊基金會	1	1	1	1	1

7組織舉辦活動之活動參與人數	甲基金會	乙基金會	丙基金會	丁基金會	戊基金會
甲基金會	1	1	0	0.807	1
乙基金會	0.9123	1	0	1	0.1404
丙基金會	1	1	1	1	1
丁基金會	1	1	0.2807	1	1
戊基金會	1	1	1	1	1

8組織服務殘障人員之人數成長率	甲基金會	乙基金會	丙基金會	丁基金會	戊基金會
甲基金會	1	1	1	1	1
乙基金會	0	1	1	0	0
丙基金會	0	1	1	0.1429	0
丁基金會	0.5714	1	1	1	1
戊基金會	1	1	1	1	1

9組織與其他國際同質性組織的關係	甲基金會	乙基金會	丙基金會	丁基金會	戊基金會
甲基金會	1	0	1	1	1
乙基金會	1	1	1	1	1
丙基金會	1	0.2857	1	1	1
丁基金會	0.2857	0	0	1	0.8571
戊基金會	1	0	0.8571	1	1

10組織形象	甲基金會	乙基金會	丙基金會	丁基金會	戊基金會
甲基金會	1	0	1	0	1
乙基金會	1	1	1	0	1
丙基金會	1	1	1	0	1
丁基金會	1	1	1	1	1
戊基金會	1	0	1	0	1

11組織的知識傳承程度	甲基金會	乙基金會	丙基金會	丁基金會	戊基金會
甲基金會	1	0.2222	1	1	0.2222
乙基金會	1	1	1	1	1
丙基金會	1	0.2222	1	1	0.2222
丁基金會	0	0	0	1	1
戊基金會	1	1	1	1	1

12組織內部相關作業流程的標準化程度	甲基金會	乙基金會	丙基金會	丁基金會	戊基金會
甲基金會	1	1	1	1	1
乙基金會	1	1	0.2222	1	1
丙基金會	1	1	1	1	1
丁基金會	0	0	0	1	1
戊基金會	0	0.2222	0	1	1

13志工流動比率	甲基金會	乙基金會	丙基金會	丁基金會	戊基金會
甲基金會	1	1	1	0	1
乙基金會	1	1	1	0	1
丙基金會	0.1667	0	1	0	0.1667
丁基金會	1	1	1	1	1
戊基金會	1	1	1	1	1

14職工流動比率	甲基金會	乙基金會	丙基金會	丁基金會	戊基金會
甲基金會	1	1	0.8571	1	1
乙基金會	0	1	1	1	1
丙基金會	1	1	1	1	0
丁基金會	1	1	1	1	1
戊基金會	0	1	0	0	1

15組織爭取到政府計劃案的數量	甲基金會	乙基金會	丙基金會	丁基金會	戊基金會
甲基金會	1	1	1	1	1
乙基金會	0	1	0	1	0
丙基金會	0	1	1	1	0
丁基金會	0	1	1	1	0
戊基金會	1	1	1	1	1

16殘障人員服務效率	甲基金會	乙基金會	丙基金會	丁基金會	戊基金會
甲基金會	1	1	1	0.9091	1
乙基金會	0	1	1	0	0.9091
丙基金會	0	1	1	1	1
丁基金會	1	1	1	1	1
戊基金會	0.1818	1	1	0	1

17殘障人員服務品質	甲基金會	乙基金會	丙基金會	丁基金會	戊基金會
甲基金會	1	1	0.8571	1	1
乙基金會	0	1	0	0	0
丙基金會	1	1	1	1	1
丁基金會	1	1	1	1	1
戊基金會	1	1	1	1	1

18殘障人員的服務回應速度	甲基金會	乙基金會	丙基金會	丁基金會	戊基金會
甲基金會	1	1	1	1	0
乙基金會	1	1	1	1	1
丙基金會	1	1	1	1	1
丁基金會	1	1	1	1	1
戊基金會	1	1	1	1	1

步驟6：計算非營利組織i比非營利組織l的整體的滿意度值，如表10-13所示：

表10-13. 整體滿意度值

整體的滿意度值	甲基金會	乙基金會	丙基金會	丁基金會	戊基金會
甲基金會	1	0.7504	0.873	0.8731	0.7795
乙基金會	0.5308	1	0.6339	0.4711	0.5631
丙基金會	0.6019	0.806	1	0.6492	0.5772
丁基金會	0.6587	0.7603	0.7378	1	0.6587
戊基金會	0.7323	0.806	0.7698	0.7222	1

步驟7：計算各評估準則下的不滿意度值，如表10-14所示：

表10-14. 各評估準則的滿意度指標值

1當年度平均募款額	甲基金會	乙基金會	丙基金會	丁基金會	戊基金會
甲基金會	0	0	0	0	0
乙基金會	0.6667	0	0	0	0
丙基金會	0.1738	0	0	0	0
丁基金會	0.184	0	0	0	0
戊基金會	0.0287	0	0	0	0

10組織形象	甲基金會	乙基金會	丙基金會	丁基金會	戊基金會
甲基金會	0	0	0	0.6667	0
乙基金會	0	0	0	0	0
丙基金會	0	0	0	0.3333	0
丁基金會	0	0	0	0	0
戊基金會	0	0	0	0.6667	0

2當年度平均新進志工人數	甲基金會	乙基金會	丙基金會	丁基金會	戊基金會
甲基金會	0	0	0	0	0
乙基金會	0.0606	0	0	0.3377	0
丙基金會	0.2165	0	0	0.4935	0
丁基金會	0	0	0	0	0
戊基金會	0.3896	0	0	0.6667	0

11組織的知識傳承程度	甲基金會	乙基金會	丙基金會	丁基金會	戊基金會
甲基金會	0	0	0	0	0
乙基金會	0	0	0	0	0
丙基金會	0	0	0	0	0
丁基金會	0.0741	0.6667	0.0741	0	0.6667
戊基金會	0	0	0	0	0

3殘障人員服務人數	甲基金會	乙基金會	丙基金會	丁基金會	戊基金會
甲基金會	0	0	0	0	0
乙基金會	0	0	0	0	0.4048
丙基金會	0.0476	0	0	0	0.6667
丁基金會	0	0	0	0	0.0476
戊基金會	0	0	0	0	0

12組織內部相關作業流程的標準化程度	甲基金會	乙基金會	丙基金會	丁基金會	戊基金會
甲基金會	0	0	0	0	0
乙基金會	0	0	0	0	0
丙基金會	0	0	0	0	0
丁基金會	0.3704	0.0741	0.6667	0	0
戊基金會	0.2222	0	0.5185	0	0

4殘障人員服務滿意度	甲基金會	乙基金會	丙基金會	丁基金會	戊基金會
甲基金會	0	0	0.6667	0	0
乙基金會	0	0	0.0952	0	0
丙基金會	0	0	0	0	0
丁基金會	0	0	0.6667	0	0
戊基金會	0	0	0.6667	0	0

13志工流動比率	甲基金會	乙基金會	丙基金會	丁基金會	戊基金會
甲基金會	0	0	0	0.0556	0
乙基金會	0	0	0	0	0
丙基金會	0	0	0	0.6667	0
丁基金會	0	0	0	0	0
戊基金會	0	0	0	0.0556	0

5殘障人員輔導就業人數	甲基金會	乙基金會	丙基金會	丁基金會	戊基金會
甲基金會	0	0	0	0	0
乙基金會	0.2222	0	0	0	0.6667
丙基金會	0	0	0	0	0.2222
丁基金會	0.0741	0	0	0	0.5185
戊基金會	0	0	0	0	0

14職工流動比率	甲基金會	乙基金會	丙基金會	丁基金會	戊基金會
甲基金會	0	0	0	0	0
乙基金會	0.2857	0	0.6667	0.381	0
丙基金會	0	0	0	0	0
丁基金會	0	0	0	0	0
戊基金會	0.1905	0	0.5714	0.2857	0

6組織舉辦活動次數

6組織舉辦活動次數	甲基金會	乙基金會	丙基金會	丁基金會	戊基金會
甲基金會	0	0.1333	0	0	0.4
乙基金會	0	0	0	0	0
丙基金會	0	0.4	0	0	0.6667
丁基金會	0	0	0	0	0.1333
戊基金會	0	0	0	0	0

15組織爭取到政府計劃案的數量

15組織爭取到政府計劃案的數量	甲基金會	乙基金會	丙基金會	丁基金會	戊基金會
甲基金會	0	0	0	0	0
乙基金會	0.6667	0	0	0	0.6667
丙基金會	0	0	0	0	0
丁基金會	0	0	0	0	0
戊基金會	0	0	0	0	0

7組織舉辦活動之活動參與人數

7組織舉辦活動之活動參與人數	甲基金會	乙基金會	丙基金會	丁基金會	戊基金會
甲基金會	0	0	0.3041	0	0
乙基金會	0	0	0.6667	0.0936	0
丙基金會	0	0	0	0	0
丁基金會	0	0	0	0	0
戊基金會	0	0	0.0468	0	0

16殘障人員服務效率

16殘障人員服務效率	甲基金會	乙基金會	丙基金會	丁基金會	戊基金會
甲基金會	0	0	0	0	0
乙基金會	0.303	0	0	0.6667	0
丙基金會	0.1818	0	0	0.5455	0
丁基金會	0	0	0	0	0
戊基金會	0	0	0	0.303	0

8組織服務殘障人員之人數成長率

8組織服務殘障人員之人數成長率	甲基金會	乙基金會	丙基金會	丁基金會	戊基金會
甲基金會	0	0	0	0	0
乙基金會	0.6667	0	0	0.1905	0.4762
丙基金會	0.4286	0	0	0	0.2381
丁基金會	0	0	0	0	0
戊基金會	0	0	0	0	0

17殘障人員服務品質

17殘障人員服務品質	甲基金會	乙基金會	丙基金會	丁基金會	戊基金會
甲基金會	0	0	0	0	0
乙基金會	0.2857	0	0.6667	0.4762	0.4762
丙基金會	0.1818	0	0	0	0
丁基金會	0	0	0	0	0
戊基金會	0	0	0	0	0

9組織與其他國際同質性組織的關係

9組織與其他國際同質性組織的關係	甲基金會	乙基金會	丙基金會	丁基金會	戊基金會
甲基金會	0	0.0952	0	0	0
乙基金會	0	0	0	0	0
丙基金會	0	0	0	0	0
丁基金會	0	0.6667	0.0952	0	0
戊基金會	0	0.2857	0	0	0

18殘障人員的服務回應速度

18殘障人員的服務回應速度	甲基金會	乙基金會	丙基金會	丁基金會	戊基金會
甲基金會	0	0	0	0	0.5556
乙基金會	0	0	0	0	0.6667
丙基金會	0	0	0	0	0.4444
丁基金會	0	0	0	0	0.6667
戊基金會	0	0	0	0	0

步驟8：計算可靠度值，如表10-15所示。

表10-15. 可靠度值

可靠度值	甲基金會	乙基金會	丙基金會	丁基金會	戊基金會
甲基金會	1	0.5884	0.2025	0.291	0.2079
乙基金會	0.0051	1	0.0221	0.0261	0.0037
丙基金會	0.1811	0.4836	1	0.0996	0.0211
丁基金會	0.3011	0.0782	0.0687	1	0.0291
戊基金會	0.2923	0.5757	0.0505	0.0399	1

步驟9：計算各個基金會的流出量，如表10-16所示。

步驟10：計算各個基金會的流入量，如表10-16所示。

步驟11：計算各個基金會的淨流量，如表10-16所示。

步驟12：將各個基金會的淨流量標準化到0與1之間，如表10-16所示，所以各基金會的組織績效排名為戊基金會優於甲基金會、優於丙基金會、優於丁基金會、優於乙基金會。

表10-16. 流出量、流入量、淨流量、OTI值與排名

	甲基金會	乙基金會	丙基金會	丁基金會	戊基金會
流出量	2.2899	1.057	1.7855	1.4771	1.9585
流入量	1.7797	2.726	1.3438	1.4567	1.2618
淨流量	0.5102	-1.669	0.4417	0.0204	0.6967
OTI值	0.551	0.3331	0.5442	0.502	0.5697
排名	2	5	3	4	1

假如，政府要使用PROMETHEE分析法進行績效考核，則相關流程步驟如下：

步驟1：政府蒐集5間基金會的績效資訊，其中包含量化的數據資訊，如表10-6所示與質化的專家意見資訊，如表10-8所示(專家使用李科特9點量表)。

步驟2：政府使用簡單加權平均法整合專家意見，如表10-9所示。

步驟3：政府對這5間專門輔導殘障就業的非營利組織之意見進行正規化，如表10-10所示。

步驟4；政府決定每個評估準則所要使用的偏好函數與相關參數，如表10-17所示。

表10-17. 每個評估準則的偏好函數與相關參數

	偏好函數	相關參數
(1) 當年度平均募款額	水平類型	p=0.2、q=0.4
(2) 當年度平均新進志工人數	水平類型	p=0.2、q=0.4
(3) 殘障人員服務人數	水平類型	p=0.2、q=0.4
(4) 殘障人員服務滿意度	線性偏好類型	m=0.2
(5) 殘障人員輔導就業人數	線性偏好類型	m=0.2
(6) 組織舉辦活動次數	線性偏好類型	m=0.2
(7) 組織舉辦活動之活動參與人數	線性偏好類型	m=0.2
(8) 組織服務殘障人員之人數成長率	線性偏好及無差異類型	p=0.2、q=0.4
(9) 組織與其他國際同質性組織的關係	水平類型	p=0.2、q=0.4
(10) 組織形象	水平類型	p=0.2、q=0.4
(11) 組織的知識傳承程度	線性偏好及無差異類型	p=0.2、q=0.4
(12) 組織內部相關作業流程的標準化程度	線性偏好及無差異類型	p=0.2、q=0.4
(13) 志工流動比率	線性偏好及無差異類型	p=0.2、q=0.4
(14) 職工流動比率	線性偏好及無差異類型	p=0.2、q=0.4
(15) 組織爭取到政府計劃案的數量	線性偏好及無差異類型	p=0.2、q=0.4
(16) 殘障人員服務效率	線性偏好類型	m=0.2
(17) 殘障人員服務品質	線性偏好類型	m=0.2
(18) 殘障人員的服務回應速度	線性偏好類型	m=0.2

步驟5：計算各評估準則的偏好值，如表10-18。

表10-18. 各評估準則的偏好值

1當年度平均募款額	甲基金會	乙基金會	丙基金會	丁基金會	戊基金會	10組織形象	甲基金會	乙基金會	丙基金會	丁基金會	戊基金會
甲基金會	0	1	1	1	1	甲基金會	0	0	0	0	0
乙基金會	0	0	0	0	0	乙基金會	0.5	0	0	0	0.5
丙基金會	0	0.5	0	0	0	丙基金會	0	0	0	0	0
丁基金會	0	0.5	0	0	0	丁基金會	1	0.5	1	0	1
戊基金會	0	0.5	0	0	0	戊基金會	0	0	0	0	0
2當年度平均新進志工人數	甲基金會	乙基金會	丙基金會	丁基金會	戊基金會	11組織的知識傳承程度	甲基金會	乙基金會	丙基金會	丁基金會	戊基金會
甲基金會	0	1	1	0	1	甲基金會	0	0	0	1	0
乙基金會	0	0	0	0	0	乙基金會	0.7778	0	0.7778	1	0
丙基金會	0	0	0	0	0	丙基金會	0	0	0	1	0
丁基金會	0	1	1	0	1	丁基金會	0	0	0	0	0
戊基金會	0	0	0	0	0	戊基金會	0.7778	0	0.7778	1	0
3殘障人員服務人數	甲基金會	乙基金會	丙基金會	丁基金會	戊基金會	12組織內部相關作業流程的標準化程度	甲基金會	乙基金會	丙基金會	丁基金會	戊基金會
甲基金會	0	0.5	1	0	0	甲基金會	0	0	0	1	1
乙基金會	0	0	0	0	0	乙基金會	0	0	0	1	0.7778
丙基金會	0	0	0	0	0	丙基金會	0	0.7778	0	1	1
丁基金會	0	0.5	0.5	0	0	丁基金會	0	0	0	0	0
戊基金會	0.5	1	1	1	0	戊基金會	0	0	0	0	0
4殘障人員服務滿意度	甲基金會	乙基金會	丙基金會	丁基金會	戊基金會	13志工流動比率	甲基金會	乙基金會	丙基金會	丁基金會	戊基金會
甲基金會	0	0	0	0	0	甲基金會	0	0	0.8333	0	0
乙基金會	1	0	0	1	1	乙基金會	0	0	1	0	0
丙基金會	1	1	0	1	1	丙基金會	0	0	0	0	0
丁基金會	0	0	0	0	0	丁基金會	1	1	1	0	1
戊基金會	0	0	0	0	0	戊基金會	0	0	0.8333	0	0
5殘障人員輔導就業人數	甲基金會	乙基金會	丙基金會	丁基金會	戊基金會	14職工流動比率	甲基金會	乙基金會	丙基金會	丁基金會	戊基金會
甲基金會	0	1	1	1	0	甲基金會	0	1	0	0	1
乙基金會	0	0	0	0	0	乙基金會	0	0	0	0	0
丙基金會	0	1	0	0	0	丙基金會	0.1429	1	0	0	1
丁基金會	0	0	0	0	0	丁基金會	0	1	0	0	1
戊基金會	1	1	1	1	0	戊基金會	0	0	0	0	0
6組織舉辦活動次數	甲基金會	乙基金會	丙基金會	丁基金會	戊基金會	15組織爭取到政府計劃案的數量	甲基金會	乙基金會	丙基金會	丁基金會	戊基金會
甲基金會	0	0	0	0	0	甲基金會	0	1	1	1	0
乙基金會	1	0	1	0	0	乙基金會	0	0	0	0	0
丙基金會	0	0	0	0	0	丙基金會	0	1	0	0	0
丁基金會	0	0	1	0	0	丁基金會	0	1	0	0	0
戊基金會	1	0	1	1	0	戊基金會	0	1	1	1	0
7組織舉辦活動之活動參與人數	甲基金會	乙基金會	丙基金會	丁基金會	戊基金會	16殘障人員服務效率	甲基金會	乙基金會	丙基金會	丁基金會	戊基金會
甲基金會	0	1	0	0	0	甲基金會	0	1	1	0	1
乙基金會	0	0	0	0	0	乙基金會	0	0	0	0	0
丙基金會	1	1	0	1	1	丙基金會	0	0	0	0	0
丁基金會	1	1	0	0	1	丁基金會	0	1	1	0	1
戊基金會	0	1	0	0	0	戊基金會	0	1	0	0	0
8組織服務殘障人員之人數成長率	甲基金會	乙基金會	丙基金會	丁基金會	戊基金會	17殘障人員服務品質	甲基金會	乙基金會	丙基金會	丁基金會	戊基金會
甲基金會	0	1	1	0.4286	0	甲基金會	0	1	0	0	0
乙基金會	0	0	0	0	0	乙基金會	0	0	0	0	0
丙基金會	0	0	0	0	0	丙基金會	1	1	0	0	0
丁基金會	0	1	0.8571	0	0	丁基金會	0	1	0	0	0
戊基金會	0	1	1	0	0	戊基金會	0	1	0	0	0
9組織與其他國際同質性組織的關係	甲基金會	乙基金會	丙基金會	丁基金會	戊基金會	18殘障人員的服務回應速度	甲基金會	乙基金會	丙基金會	丁基金會	戊基金會
甲基金會	0	0	0	0.5	0	甲基金會	0	0	0	0	0
乙基金會	1	0	0.5	1	1	乙基金會	0	0	0	0	0
丙基金會	0	0	0	1	0.5	丙基金會	0	0	0	0	0
丁基金會	0	0	0	0	0	丁基金會	0	0	0	0	0
戊基金會	0	0	0	0.5	0	戊基金會	1	1	1	1	0

步驟6：政府假設所有評估準則的重要性一致為1/18，計算各基金會的整體偏好值，如表10-19所示。

表10-19. 各基金會的整體偏好值

	甲基金會	乙基金會	丙基金會	丁基金會	戊基金會
甲基金會	0	0.5938	0.4896	0.3705	0.3125
乙基金會	0.2674	0	0.2049	0.3125	0.2049
丙基金會	0.1964	0.4549	0	0.3125	0.2813
丁基金會	0.25	0.5938	0.3973	0	0.3125
戊基金會	0.2674	0.5313	0.4757	0.4063	0

步驟7：計算各基金會的流出量，如表10-20所示。

步驟8：計算各基金會的流入量，如表10-20所示。

步驟9：計算各基金會的淨流量，可依據各基金會的淨流量進行績效排序，如表10-20所示，所以各基金會的組織績效排名為甲基金會優於戊基金會、優於丁基金會、優於丙基金會、優於乙基金會。

表10-20. 流出量、流入量、淨流量與排名

	甲基金會	乙基金會	丙基金會	丁基金會	戊基金會
流出量	1.766369	0.989583	1.24504	1.553571	1.680556
流入量	0.9812	2.1736	1.5675	1.4018	1.1111
淨流量	0.7852	-1.184	-0.3224	0.1518	0.5694
排名	1	5	4	3	2

第四節 非營利組織的績效管理

在介紹了非營利組織績效評估的方法後，皆下來說明如何將其用於非營利組織的管理上，在管理學中，管理者有4個主要任務分別為

規劃(Planing)、組織(Organizing)、領導(Leading)與控制(Controling)(陳澤義，2015)，在領導與控制部份，績效管理是個重要的管理流程(如圖10-2所示)。

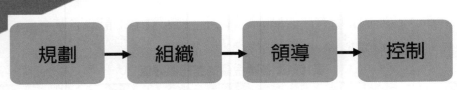

規劃 → 組織 → 領導 → 控制

圖10-2. 管理流程

在領導理論中，交易型領導(Transactional Leadership)是一個常用的領導行為，交易型領導學派的學者認為領導是「領導者」與「組織成員」的交易行為，由「組織成員」的績效表現換取「領導者」的獎賞，而「組織成員」的績效表現可由績效評估加以獲得(Lowe等人，1996；Judge和Piccolo，2004)。

在組織的控制管理中，績效評估更是扮演一個重要的角色，其會運用於下列時機：

(1) 政府委託案的資格評估

政府由於本身資源與專業、經驗的限制會將其照顧弱勢族群、環境保護或是社會整體營造的專案委託非營利組織承作，政府對於非營利組織的資格審查，其中一項包括「過去的執行績效表現」，對非營利組織的績效評估行為，有助於協助非營利組織面對自身的不足以讓非營利組織了解自身應該改進的方向。

(2) 政府委託案的執行績效評估

政府的委託案會給予非營利組織許多經濟上的支持，這些支持都是政府的成本，在實務上，對於大型的委托案政府都會建立許多查核點(Check Point)，在查核點政府會對非營利組織所執行的委託案進行績效考核，非營利組織表現不佳的部份會被要求檢討改進，而非營利組織的績效表現如與預期差距過大，甚至會被中止合約，所以，績效評估為非營利組織對自身工作表現重要的修正與管控機制。

非營利組織在進行自身的績效管理時，其步驟如下：

步驟1；非營利組織在認知自身的使命與目標下，針對特定活動設定評估準則與活動的查核點。

步驟2；非營利組織針對特定活動設定各種績效考核規則，以提高組織成員執行動機。

步驟3；非營利組織的活動施行後，在每個查核點(Check Point)進行績效評估，並根據績效評估結果對非營利組織的組織成員進行獎賞與懲罰，並對活動中績效表現不佳的部份進行適當的活動修正。

專有名詞

成果型績效評估 (Achievement Performance Evaluation Model)

規範型績效評估 (Norm Performance Evaluation Model)

平衡計分卡 (The Balanced Score Card，BSC)

CORPS模式 (CORPS Model)

門檻法 (Threadhold Method)

分群法 (Cluster Method)

李科特量表 (Likert Scale)

ELECTRE法 (ELECTRE Method)

偏好順序結構評估法 (Preference ranking organization method for enrichment evaluation,PROMETHEE)

規劃 (Planing)

組織 (Organizing)

領導 (Leading)

控制 (Controling)

交易型領導 (Transactional Leadership)

查核點 (Check Point)

是非題

1.(X) 某一基金會負責推廣身心障礙的就業服務活動,政府看在特定一段區間內查詢該基金會是否完成政府對身心障礙者的輔導要求,而不管該身心障礙者是否實際找到工作為「成果型績效評估」。

2.(X) CORPS模式為Clients(顧問)、Operations(作業)、Response(回應)、Plan(計劃)、Services(服務)。

3.(O) 「績效評價」指評估者根據所蒐集的資訊對非營利組織的表現進行整體評價,多準則決策分析法可用來對非營利組織的整體評價進行分析。

4.(O) 平衡計分卡主要從「財務」、「顧客」、「內部流程」、「創新與學習」四種可具體操作的目標,設置一一對應的績效評價指標體系以對特定組織進行績效分析。

5.(O) 交易型領導是「領導者」與「組織成員」的交易行為,由「組織成員」的績效表現換取「領導者」的獎賞而達成領導的目的。

6.(X) 逼近理想解排序法有通用類型、類似類型、線性偏好類型、水平類型、線性偏好及無差異類型、高斯類型6種偏好函數可以運用。

7.(O) 查核點指專案績效評估的檢查時點,為非營利組織對自身工作表現重要的修正與管控機制。

8.(O) 門檻法有兩種篩選模式,一種是由非營利組織決定篩選比例,用以決定所要用來進行評估的指標數目,另一種是由非營利組織決定門檻,並將大於該門檻的各種非營利指標納為所要使用的評估準則。

問題與討論

1. 請設計下列各種基金會的績效管理指標？並說明為何如此設計此評估指標？

(1)台灣世界展望會的「饑餓三十」活動

(2)財團法人董氏基金會的「Quit & Win戒菸就贏」活動

(3)財團法人創世社會福利基金會的「Run To Love x扶輪基金百周年公益路跑」活動

(4)愛盲基金會的「白手杖愛盲行動」

2. 政府要製訂一些評估準則以對台灣的公益路跑活動進行評價，假設政府已聘用5位專家使用李科特9點量表篩選下表12個評估準則，請分別使用門檻法(篩選率40%)、門檻法(門檻為整合意見≥3.0)、K Mean分群法和Fuzzy C Mean分群法進行評估準則篩選？

評估準則重要性之專家意見

	專家1	專家2	專家3	專家4	專家5
(1) 活動準備時間	非常重要	稍重要	一般	一般	重要
(2) 活動志工人數	極重要	稍重要	一般	極重要	極重要
(3) 活動成本	非常重要	非常重要	重要	非常重要	非常重要
(4) 活動募款額	重要	一般	極重要	一般	非常重要
(5) 外國參加人數	重要	稍重要	稍重要	一般	極重要
(6) 本國參加人數	非常重要	極重要	極重要	非常重要	一般
(7) 活動周邊經濟效益	稍重要	極重要	非常重要	稍重要	非常重要
(8) 活動公關效用	稍重要	稍重要	稍不重要	一般	稍重要
(9) 活動安全性	非常重要	重要	極重要	極重要	非常重要
(10) 活動地點方便性	一般	極重要	非常重要	非常重要	極重要
(11) 活動主辦單位形象	非常重要	稍重要	極重要	極重要	極重要
(12) 活動人員專業度	稍重要	極重要	稍重要	非常	非常

篩選結果

	門檻法(門檻為整合意見≥3.0)	門檻法(門檻為篩選率40%)	K Mean 分群法	Fuzzy C Mean 分群法
(1) 活動準備時間				
(2) 活動志工人數				
(3) 活動成本				
(4) 活動募款額				
(5) 外國參加人數				
(6) 本國參加人數				
(7) 活動周邊經濟效益				
(8) 活動公關效用				
(9) 活動安全性				
(10) 活動地點方便性				
(11) 活動主辦單位形象				
(12) 活動人員專業度				

3. 承上題,假如政府要對五間基金會(假設考核目標為A基金會、B基金會、C基金會、D基金會、E基金會五間基金會)的路跑活動舉辦績效進行考核以決定其補助經費的發放順序,政府決定使用上一題所有的評估準則進行評估,經由資料整理與專家調查其相關資訊如下表,請使用ELECTRE分析技術與PROMETHEE分析技術進行五間基金會的活動績效評估。

量化資訊

	A基金會	B基金會	C基金會	D基金會	E基金會
(1) 活動準備時間	60天	45天	60天	45天	75天
(2) 活動志工人數	80人	125人	45人	60人	80人
(3) 活動成本	153萬	108萬	104萬	95萬	87萬
(4) 活動募款額	46萬	57萬	104萬	89萬	76萬
(5) 外國參加人數	30人	0人	11人	23人	8人
(6) 本國參加人數	421人	565人	854人	452人	636人

質化資訊

		A基金會	B基金會	C基金會	D基金會	E基金會
(7) 活動周邊經濟效益	專家1	非常好	稍差	非常好	極好	一般
	專家2	稍好	非常好	非常好	極好	稍差
	專家3	稍好	稍差	非常好	極好	非常好
	專家4	非常好	一般	稍好	稍好	差
	專家5	稍差	稍好	一般	稍好	差
(8) 活動公關效用	專家1	稍好	極好	稍差	一般	差
	專家2	稍好	非常好	差	一般	一般
	專家3	一般	差	非常好	非常好	極好
	專家4	極好	稍差	極好	稍差	稍好
	專家5	差	非常好	非常好	稍好	稍差
(9) 活動安全性	專家1	極好	非常好	一般	非常好	非常好
	專家2	稍差	稍好	一般	稍差	稍差
	專家3	稍好	稍差	稍好	稍好	非常好
	專家4	非常好	非常好	稍差	差	稍差
	專家5	稍差	非常好	稍好	差	稍差
(10) 活動地點方便性	專家1	一般	好	稍差	稍好	稍好
	專家2	稍好	非常好	稍差	稍好	非常好
	專家3	稍差	非常好	非常好	稍好	非常好
	專家4	差	非常好	一般	一般	稍好
	專家5	一般	非常好	非常好	一般	稍好
(11) 活動主辦單位形象	專家1	稍好	稍差	差	非常好	稍差
	專家2	非常好	稍差	非常好	非常好	非常好
	專家3	非常好	一般	非常好	非常好	稍差
	專家4	一般	極好	非常好	一般	非常好
	專家5	稍好	非常好	非常好	非常好	非常好
(12) 活動人員專業度	專家1	一般	非常好	稍好	差	非常好
	專家2	一般	一般	極好	稍差	差
	專家3	一般	非常好	非常好	非常好	非常好
	專家4	稍差	稍差	差	非常好	稍差
	專家5	稍好	非常好	稍差	非常好	非常好

ELECTRE分析法的偏好門檻值、無差異門檻值與否定門檻值

	偏好門檻值	無差異門檻值	否定門檻值
(1) 活動準備時間	0.1	0.2	0.3
(2) 活動志工人數	0.1	0.2	0.3
(3) 活動成本	0.1	0.2	0.3
(4) 活動募款額	0.1	0.2	0.3
(5) 外國參加人數	0.1	0.2	0.3
(6) 本國參加人數	0.1	0.2	0.3
(7) 活動周邊經濟效益	0.1	0.2	0.3
(8) 活動公關效用	0.1	0.2	0.3
(9) 活動安全性	0.1	0.2	0.3
(10) 活動地點方便性	0.1	0.2	0.3
(11) 活動主辦單位形象	0.1	0.2	0.3
(12) 活動人員專業度	0.1	0.2	0.3

PROMETHEE的偏好函數與相關參數

	偏好函數	相關參數
(1) 活動準備時間	水平類型	p=0.1、q=0.2
(2) 活動志工人數	線性偏好類型	m=0.2
(3) 活動成本	線性偏好類型	m=0.2
(4) 活動募款額	線性偏好類型	m=0.2
(5) 外國參加人數	線性偏好類型	m=0.2
(6) 本國參加人數	線性偏好及無差異類型	p=0.1、q=0.2
(7) 活動周邊經濟效益	水平類型	p=0.1、q=0.2
(8) 活動公關效用	水平類型	p=0.1、q=0.2
(9) 活動安全性	線性偏好及無差異類型	p=0.1、q=0.2
(10) 活動地點方便性	線性偏好及無差異類型	p=0.1、q=0.2
(11) 活動主辦單位形象	線性偏好及無差異類型	p=0.1、q=0.2
(12) 活動人員專業度	線性偏好及無差異類型	p=0.1、q=0.2

小品文欣賞

決策的原則

一般情況下，由於時間的限制，人們對大部份的領域都是一無所知或是了解有限，此時不得不仰賴特定領域專家的意見，以對特定問題進行決策。

但是，由於我們自己對特定領域不熟，那要如何判斷專家就一定擅長特定領域呢？

首先要注意的是看似有理的意見不代表正確意見，根據過去的醫學醫案，甲先生雇用兩個以上的醫生，然後根據他們的意見治病，假設A醫生是真正有能力的醫生，B醫生是庸醫，甲先生認為A醫生講的有理就用A醫生的藥方、B醫生講的有理就用B醫生的藥方，不管A醫生和B醫生用藥的療效，現實生活中，有些正確決策是違反常理的，就像體內燥熱、表面寒邪需用寒涼的藥治療，但是要說服一個感冒的病人吃冰是一件非常困難的事，因此，不能單純用邏輯判斷自身專業領域以外事情的正確性，必需找出真正值得相信的專家，深信其專業的判斷。

真正值得相信的專家有以下特徵：

一、人品高潔：人品好壞是一個人是否值得信任的基礎。

二、戰功顯赫：一位知名專家的過去事蹟中，一定有許多次正確的判斷，被廣為流傳。

三、細緻有邏輯：真正值得相信的專家，一定是一個非常謹慎小心的人，他一定會蒐集充足的資訊作出有邏輯的判斷，並遵守「知之為知

之，不知為不知」的原則，決不妄語。

　　四、堅持有自信：真正值得相信的專家，只要作出判斷，絕對會信任自己的判斷，不會輕易改變，這股自信是由長期努力所累積的經驗所形成的；與一般人的自以為是、剛愎自用有所差異，其主要差別在於「專家憑經驗、凡夫憑直覺」。

2015.10　　小明

非營利組織的遊說策略

天底下有兩件難事：

(1)把錢從別人的保險箱(口袋)移到自己的保險箱(口袋)。

(2)把思想從自己的腦袋移到別人的腦袋。

-前宏碁企業總廠長邱英雄

第一節 為什麼非營利組織得對政府進行遊說

政治是眾人的事(王業立，2010)，政治學則是決定「誰」需付出代價與「誰」可獲得利益的一門學問(呂亞力，2009)，在任何社會，政治與每個人皆息息相關，其中，遊說活動是政治的一部份，「遊說」(Lobbying)指組織影響政府制定公共政策與執行活動的行為，非營利組織可以藉由遊說爭取到所需的資源與有利的政府政策與法規，非營利組織得對政府進行遊說的原因如下(江明修和陳定銘，2000)：

(1) 資源有限、競爭爭取資源是常態

社會上的資源有限，政府的資源更有限，而政府對各非營利組織進行補貼皆會產生資源排擠效果，非營利組織如要執行其使命便必需與其他組織爭取資源，而「遊說」以要求政府製訂有利於非營利組織的法案和政策是爭取資源的有效方法。

(2) 讓非營利組織獲取資源具有合理性

利益團體(interest group)指特定組織集合具有同樣屬性之人員的力量以保障自身利益，如工人團體、勞工團體、農民團體等這些團體，其會向政府爭取資源，跟非營利組織相比，利益團體較缺乏理想性，而非營利組織爭取政府資源，主要是以公益為考量且利益由社會大眾所使用，因此，非營利組織為爭取政府資源而進行遊說在情理上有較高的理想性。

(3)「遊說」可協助非營利組織要求政府制定符合社會公益的政策

「遊說」的目的是要求政府製訂有利於執行非營利組織使命的相關法規與政策，這些法規與政策有利於公益，卻不一定有利於個人(例如，董氏基金會的制定公眾場合禁煙法規需求，有利於社會大眾但不利於吸煙族群)，所以，這些可達成公益的法規要落實執行，一定得經過不同群體間的談判與妥協，非營利組織如不進行「遊說」，將會降低這些有利於社會的政策施行的可能性。

第二節 非營利組織遊說執行流程

非營利組織依其目標可向「行政部門」、「立法部門」和「司法部門」進行遊說，遊說會影響政府部門的政策制定、法律製訂與政策執行(黃新福和盧偉斯，2007)，遊說的重點是找尋具有政策施行決定權的關鍵人物並說服其執行非營利組織的政策要求，其流程如下：

(i)選擇遊說對象

非營利組織要達到目標，需先了解需要政府配合執行政策的單位，舉例來說，無殼蝸牛聯盟想要人人都買得起房子，其對策有要求政府「興建國民住宅」、「提高土地增值稅」、「降低貸款利率」、「限制人民擁有的房屋數」等，不同的對策有不同的主管單位，「興建國民住宅」和「提高土地增值稅」可能得遊說地方政府施行、「降低貸款利率」可能得遊說中央銀行、「限制人民擁有的房屋數」可能得遊說立法院，因此，非營利組織依其目標執行遊說活動前得選擇其遊說單位與其關鍵決策人物。

(ii)利用事件加強公共議題說服力道

要說服政府執行非營利組織的要求，需要發生重大事件才能對政府形成壓力，重大事件可由非營利組織施行特定活動加以形成，例如，無殼蝸牛曾在1989年舉辦「萬人夜宿忠孝東路」造勢活動以對政府形成壓力。

(iii)利用傳播與公民討論達成共識形成主流民意

非營利組織的想法一開始只是一群人的理念，此理念如要獲得重視除了藉由傳播增加支持群眾外，其理念傳播可由舉辦「說明會」(Seminar)加以執行，當然，並非所有人皆認同非營利組織的理念，且其理念亦可能與其它組織的目標相衝突，此時應由非營利組織舉辦「公聽會」(Public hearing)和「研討會」(Conference)以對非營利組織的理念進行探討以形成共識，除此之外可以藉由「簽名聯署」(Petitions)和「遊行」(Parade)以證明非營利組織的理念為主流民意，並給予政府施政的壓力。

(iv)提供公共政策執行法案

由於，政府內部因為組織惰性並不一定會願意執行非營利組織的理念，所以，非營利組織應設計公共政策執行法案與執行細節計劃以供政府參考，且可當作與政府溝通、交換意見的範本。

(v)監督政府執行政策並從旁提供協助

政府需監督與施壓才能認真做事，而監督政府執行政策有4個重點，分別為「預算高低」、「人力多寡」、「執行時間長短」、「執行強度強弱」(黃新福和盧偉斯，2007)，這4個重點可看出政府施政的心態，如政府施政態度不佳，便要由主流民意給予其壓力，非營利組織亦可以針對政府的施政問題，給予相關建議以利政府政策順利執行。

第三節　非營利組織遊說方法

非營利組織的遊說方法有(1)書面致函、(2)電話聯絡、(3)網路發言、(4)

E-mail傳達、(5)召開公聽會、(6)報紙廣告、(7)辦公室面談，分述如下(蔡千惠，1998)。

(1) 書面致函

書面致函指非營利組織直接發信給當權者，當權者的信件會由其秘書加以過濾，其中只有少數信件可由當權者親閱，對於有人數規模和高知名度的非營利組織的信，當權者比較可能親閱；為給當權者壓力，有必要時非營利組織可發起「一人一信」活動以達成遊說目的。

(2) 電話聯絡

當權者如對非營利組織的議題有興趣便會要求電話聯絡，電話聯絡的優點在於雙方可以即時溝通以增加彼此的了解。

(3) 網路發言

在這個時代，許多年青選民主要在網路上發言，當權者為了蒐集民意會在網路上設立網站、部落格或是使用臉書以蒐集民意，而網路由於「匿名性」，因此，網路上的群眾意見可以反應其真實想法，非營利組織應在網路上發言以聚集人氣。

(4) E-mail傳達

E-mail的功能如同於書面信函，但是E-mail優於書面信函的地方在於E-mail可以低成本地存放與傳送大量資源，並無遠弗屆地傳達給需要的人。

(5) 召開公聽會

公聽會為行政機關針對重大公共議題邀請專家學者、政府官員、民意代表與一般大眾進行座談與研究，以廣為蒐集各方意見之座談會，公聽會有助於政府與所有的社會大眾進行溝通，當非營利組織對政府遊說到一定程度可要求政

府舉辦公聽會以增加探討非營利組織所支持的公共政策之深度與廣度。

(6) 報紙廣告

報紙廣告為一個快速推廣非營利組織理念的媒介，此方法可以在有重大事件發生後，由非營利組織向社會大眾表達其立場與意見，例如，當政府計劃在後勁建立五輕廠時，環保團體結合後勁居民提出不談判、不妥協、不求償3大原則，登報要求政府撤出該計劃。

(7) 辦公室面談

當非營利組織的理念獲得廣大群眾支持且政府亦了解該理念的重要性後，非營利組織便有機會與政府單位的關鍵人物進行面談，其面對有2原則，分述如下：

(i)重要人士與會

政府當權者與非營利組織面談，有機會談到彼此之間要如何合作，因此，非營利組織應派有能力的人與會，才能有效率的達成非營利組織的使命與目標。

(ii)資料周全

政府當權者一定會對非營利組織的理念與公共政策執行法案有所質疑，所以，非營利組織一定得妥善準備報告內容，面談時引經據點、講究證據，才能產生應有的說服力。

專有名詞

遊說 (lobbying)

利益團體 (interest group)

說明會 (seminar)

公聽會 (public hearing)

研討會 (conference)

簽名聯署 (petitions)

遊行 (parade)

是非題

1.(O) 政治學則是決定「誰」需付出代價與「誰」可獲得利益的一門學問。

2.(X) 提高土地增值稅可能得遊說立法院。

3.(X) 「遊說」的目的是要求政府製訂有利於執行非營利組織使命的相關法規與政策,這些法規與政策有利於所有人士。

4.(O) 「預算高低」、「人力多寡」、「執行時間長短」、「執行強度強弱」是監督政府執行政策有4個重點。

5.(O) 工人團體、勞工團體、農民團體等團體皆為利益團體。

問題與討論

1. 你認為利益團體的存在對台灣社會有何利弊得失，雖然，非營利組織有公益光環，非營利組織與利益團體同時爭取政府資源時，你認為非營利組織的公益理念一定要優先於利益團體的集團利益嗎？為什麼？

2. 名詞解釋
(i)說明會
(ii)研討會
(iii)公聽會
(iv)政治學
(v)利益團體

參考文獻

林淑馨，非營利組織管理，三民書局，2008。

黃新福、盧偉斯，非營利組織與管理，國立空中大學，2007。

蕭新煌，非營利部門：組織與運作，巨流圖書公司，2009。

王振軒，非營利組織與公共關係，非營利組織管理學刊，4，1-26，2006。

亞當史密斯著、謝宗林譯，國富論，先覺出版社，2000。

吳森田，經濟學，智勝文化事業有限公司，2004。

楊雲明，個體經濟學，智勝文化出版社，2016。

謝京叡，個體經濟學，縱橫圖書出版社，2014。

林建煌，策略管理，智勝文化事業公司，2003。

Magretta，管理是什麼，天下文化出版社，2003。

彭懷真，非營利組織：12理，洪葉文化，2014。

陳定銘，非營利組織行銷管理之研究，社區發展季刊，第102期，218頁 -241頁，2003。

高寶華，華立圖書非營利組織經營策略與管理，華立圖書出版社，2006。

陸宛蘋，非營利組織的行銷管理與募款策略.非營利部門：組織與運作，巨 流出版社，2000。

李文欽，行銷管理學，三和文化出版社，2016。

劉淑瓊校譯，非營利組織行銷：以使命為導向，揚智文化事業股份有限公 司，2004。

吳惠巧，公共行政學導論，大元書局，2011。

科特勒、李南西，科特勒談政府如何做行銷，培生出版社，2007。

周逸衡、黃毓瑩、陳華寧，應用關係行銷於非營利組織之捐助者-以社會福利慈善事業基金會為例，行銷評論，第1期，第2卷，5頁-32頁，2005。

蘇木春、張孝德機器學習：類神經網路‧模糊系統以及基因演算法則，全華圖書出版社，2016。

袁梅宇，王者歸來：WEKA機器學習與大數據聖經，佳魁資訊出版社，2015。

呂秀琴，2002，政府公共關係之研究-以桃園縣政府為例，元智大學管理研究所學位論文。

黃英忠，現代人力資源管理，臺北：三民書局，1997。

陳怡君，環保類非營利組織的志工管理，東海大學公共行政學系碩士論文，2005。

江明修、陳定銘，台灣非營利組織政策遊說的途徑與策略，公共行政學報，4，153-192，2000。

張緯良，人力資源管理，臺北：雙葉書廊，2012。

吳美蓮、林俊毅，人力資源管理：理論與實務。智勝文化出版社，1999。

江明修，志工管理，智勝文化事業有限公司，2003。

戚樹誠，管理學，雙葉書廊有限公司，2015。

鄭伯壎，組織文化與領導，五南圖書出版有限公司，2000。

Joan，F.募款成功.五觀藝術事業有限公司.2002。

謝德宗，財務管理，五南圖書出版有限公司，2015。

周庭銳，專案管理，華泰出版社，2001。

司徒達賢，非營利組織的經營管理，天下文化出版社，1999。

高寶華，非營利組織經營策略與管理，華立圖書股份有限公司，2012。

陳澤義，管理學，普林斯頓國際出版社，2015。

孫煒，非營利組織績效評量的問題與對策，政治科學論叢，28，163-202，2006。

朱文儀，策略管理(11版)，華泰文化，2015。

王業立，政治學，晶典文化，2010。

呂亞力，政治學，三民書局，2009。

蔡千惠，非營利組織遊說策略之研究，政治大學公共行政研究所碩士論文，1998。

Berry, L. (1983). Relationship Marketing in Emerging Perspectives on Services Marketing. Emerging Perspectives of Services Marketing, Chicago, IL: American Marketing Association, 25-28.

Benayoun, R., Roy, B., & Sussman, N. (1966). Manual de reference du programme electre. Note de synthese et Formation, 25.

Brans J.P. and Ph. Vincke, 1985. A preference ranking organization method (the PROMETHEE method for MCDM), Management Science, 31(6), 647-656.

Cui, R. H., Wang, Z. Y., & Wen, W. Q. (2007). SWOT-PeST analysis of sport industry in China. Journal of Tianjin University of Sport, 3, 018.

Cottrell, W. D. (1999). Simplified program evaluation and review technique (PERT). Journal of construction Engineering and Management, 125(1), 16-22.

Drucker, P. F., & Drucker, P. F. (2004). Managing the non-profit organization: Practices and principles. Taylor & Francis.

Figueira, J., Mousseau, V., & Roy, B. (2005). ELECTRE methods. In Multiple criteria decision analysis: State of the art surveys (pp. 133-153). Springer New York.

Goumas, M., and V. Lygerou, 2000, An extension of the PROMETHEE method for decision making in fuzzy environment: Ranking of alternative energy exploitation projects, European Journal of Operational Research, 123, 606-613

Howell, J. M., & Avolio, B. J. (1993). Transformational leadership, transactional leadership, locus of control, and support for innovation: Key predictors of consolidated-business-unit performance. Journal of applied psychology, 78(6), 891.

Hwang, C. L., and K. Yoon, 1981, Multiple attributes decision making methods and applications, Springer, Berlin Heidelberg.

Judge, T. A., & Piccolo, R. F. (2004). Transformational and transactional leadership: a meta-analytic test of their relative validity. Journal of applied psychology, 89(5), 755.

Kaplan, R. S., & Norton, D. P. (1996). Using the balanced scorecard as a strategic management system.

Kramer, R. (1987). Voluntary Agencies and the Personal Social Services. The Nonprofit Sector: A Research Handbook. New Haven: Yale University Press.

Kotler, P. (1982). Marketing For Nonprofit Organizations. Englewood Cliffs, N. J.: Prentice Hall, Inc.

Kotler, P., & G. Zaltman (1971). Social Marketing: An Approach to Planned Social Change. Journal of Marketing, 35(3): 3-12.

La Croix, S. J. (1983). Marketing, price discrimination, and welfare. Southern Economic Journal, 847-852.

Lowe, K. B., Kroeck, K. G., & Sivasubramaniam, N. (1996). Effectiveness correlates of transformational and transactional leadership: A meta-analytic review of the MLQ literature. The leadership quarterly, 7(3), 385-425.

Maslow, A. H., Frager, R., & Cox, R. (1970). Motivation and personality (Vol. 2, pp. 1887-1904). J. Fadiman, & C. McReynolds (Eds.). New York: Harper & Row.

Morgan, R. M., & Hunt, S. D. (1994). The commitment-trust theory of relationship marketing. The journal of marketing, 20-38.

Pauly, M. V. (1974). Overinsurance and public provision of insurance: The roles of moral hazard and adverse selection. The Quarterly Journal of Economics, 44-62.

Palmate, R. W., Dant, R. P., Grewal, D., & Evans, K. R. (2006). Factors influencing the effectiveness of relationship marketing: a meta-analysis. Journal of marketing, 70(4), 136-153.

Reber, A. S. (1989). Implicit learning and tacit knowledge. Journal of experimental psychology: General, 118(3), 219.

Roy, B. (1991). The outranking approach and the foundations of ELECTRE methods. Theory and decision, 31(1), 49-73.

Salamon, L. M. (1992). America's nonprofit sector: A primer. New York, 1988-1992.

Salamon, L. M., & Anheier, H. K. (1997). Defining the nonprofit sector: A cross-national analysis. Manchester University Press.

Schuler, R. S., & MacMillan, I. C. (1984). Gaining competitive advantage through human resource management practices. Human Resource Management, 23(3), 241-255.

Schein, E. H. (2010). Organizational culture and leadership (Vol. 2). John Wiley & Sons.

Solomon, L. M. (1995) Partners in Public Service: Government Nonprofit Relations in the Modern Welfare State, The Johns Hopkins University Press.

Tynan, C., & McKechnie, S. (2009). Experience Marketing: a review and reassessment. Journal of marketing management, 25(5-6), 501-517.

Teece, D. J. (1980). Multinational enterprise: market-failure and market-power considerations. Sloan Manage. Rev.;(United States), 22(3).

Tullock, G., Brady, G. L., & Seldon, A. (2002). Government failure: a primer in public choice. Cato Institute.

Maslow, A.H. (1943). A theory of human motivation. Psychological Review ,50 (4), 370－96.

Munns, A. K., & Bjeirmi, B. F. (1996). The role of project management in achieving project success. International journal of project management, 14(2), 81-87.

附錄

中華民國人民團體法

民國100年06月15日修正

第1條	人民團體之組織與活動，依本法之規定；其他法律有特別規定者，適用其規定。
第3條	本法所稱主管機關：在中央及省為內政部；在直轄市為直轄市政府；在縣（市）為縣（市）政府。但其目的事業應受各該事業主管機關之指導、監督。
第4條	人民團體分為左列三種： 一、職業團體。 二、社會團體。 三、政治團體。
第5條	人民團體之組織區域以行政區域為原則，並得分級組織。 前項分級組織之設立，應依本法規定向當地主管機關辦理。
第6條	人民團體會址設於主管機關所在地區。但報經主管機關核准者，得設於其他地區，並得設分支機構。
第7條	人民團體在同一組織區域內，除法律另有限制外，得組織二個以上同級同類之團體。但其名稱不得相同。
第8條	人民團體之組織，應由發起人檢具申請書、章程草案及發起人名冊，向主管機關申請許可。 前項發起人須年滿二十歲，並應有三十人以上，且無下列情事為限： 一、因犯罪經判處有期徒刑以上之刑確定，尚未執行或執行未畢者。但受緩刑宣告者，不在此限。 二、受保安處分或感訓處分之裁判確定，尚未執行或執行未畢者。 三、受破產之宣告，尚未復權者。 四、受監護宣告，尚未撤銷者。 第一項申請書格式由中央主管機關定之。
第9條	人民團體經許可設立後，應召開發起人會議，推選籌備委員，組織籌備會，籌備完成後，召開成立大會。 籌備會議及成立大會，均應通知主管機關，主管機關得派員列席。
第10條	人民團體應於成立大會後三十日內檢具章程、會員名冊、選任職員簡歷冊，報請主管機關核准立案，並發給立案證書及圖記。
第11條	人民團體經主管機關核准立案後，得依法向該管地方法院辦理法人登記，並於完成法人登記後三十日內，將登記證書影本送主管機關備查。
	人民團體章程應載明左列事項： 一、名稱。 二、宗旨。 三、組織區域。

第12條	四、會址。 五、任務。 六、組織。 七、會員入會、出會與除名。 八、會員之權利與義務。 九、會員代表及理事、監事之名額、職權、任期及選任與解任。 十、會議。 十一、經費及會計。 十二、章程修改之程序。 十三、其他依法令規定應載明之事項。
第13條	人民團體之會員代表係指由會員單位推派或下級團體選派或依第二十八條規定分區選出之代表；其權利之行使與會員同。
第14條	人民團體會員（會員代表）有違反法令、章程或不遵守會員（會員代表）大會決議而致危害團體情節重大者，得經會員（會員代表）大會決議予以除名。
第15條	人民團體會員有左列情事之一者，為出會： 一、死亡。 二、喪失會員資格者。 三、經會員（會員代表）大會決議除名者。
第16條	人民團體會員（會員代表）有表決權、選舉權、被選舉權與罷免權。每一會員（會員代表）為一權。
第17條	人民團體均應置理事、監事，就會員（會員代表）中選舉之，其名額依左列之規定： 一、縣（市）以下人民團體之理事不得逾十五人。 二、省（市）人民團體之理事不得逾二十五人。 三、中央直轄人民團體之理事不得逾三十五人。 四、各級人民團體之監事名額不得超過該團體理事名額三分之一。 五、各級人民團體均得置候補監事；其名額不得超過該團體監事名額三分之一。 前項各款理事、監事名額在三人以上者，得分別互選常務理事及常務監事，其名額不得超過理事或監事總額之三分之一；並由理事就常務理事中選舉一人為理事長，其不設常務理事者，就理事中互選之。常務監事在三人以上時，應互推一人為監事會召集
第18條	人民團體理事會、監事會應依會員（會員代表）大會之決議及章程之規定，分別執行職務。
第19條	上級人民團體理事、監事之當選，不限於下級人民團體選派出席之代表。 下級人民團體選派出席上級人民團體之代表，不限於該團體之理事、監事。
第20條	人民團體理事、監事之任期不得超過四年，除法律另有規定或章程另有限制外，連選得連任。理事長之連任，以一次為限。
第21條	人民團體理事、監事均為無給職。
第22條	人民團體理事、監事執行職務，如有違反法令、章程或會員（會員代表）大會決議情事者，除依有關法令及章程處理外，得經會員（會員代表）大會通過罷免之。
第23條	人民團體理事、監事有左列情事之一者，應即解任，其缺額由候補理事、候補監事分別依次遞補： 一、喪失會員（會員代表）資格者。 二、因故辭職經理事會或監事會決議通過者。 三、被罷免或撤免者。 四、受停權處分期間逾任期二分之一者。
第24條	人民團體依其章程聘僱工作人員，辦理會務、業務。
	人民團體會員（會員代表）大會，分定期會議與臨時會議二種，由理事長召集之。

第25條	定期會議每年召開一次；臨時會議於理事會認為必要，或經會員（會員代表）五分之一以上之請求，或監事會函請召集時召開之。
第26條	人民團體會員（會員代表）大會之召集，應於十五日前通知各會員（會員代表）。但因緊急事故召集臨時會議，經於開會前一日送達通知者，不在此限。 前項會議應報請主管機關派員列席。
第27條	人民團體會員（會員代表）大會之決議，應有會員（會員代表）過半數之出席，出席人數過半數或較多數之同意行之。但左列事項之決議應有出席人數三分之二以上同意行之： 一、章程之訂定與變更。 二、會員（會員代表）之除名。 三、理事、監事之罷免。 四、財產之處分。 五、團體之解散。 六、其他與會員權利義務有關之重大事項。
第28條	人民團體會員（會員代表）人數超過三百人以上者，得劃分地區，依會員（會員代表）人數比例選出代表，再合開代表大會，行使會員大會職權。 前項地區之劃分及應選代表名額之分配，應報請主管機關核備。
第29條	人民團體理事會、監事會，每三個月至少舉行會議一次，並應通知候補理事、候補監事列席。 前項會議之決議，各以理事、監事過半數之出席，出席人數過半數或較多數之同意行之。
第30條	人民團體理事長或監事會召集人，無正當理由不召開理事會或監事會超過二個會次者，應由主管機關解除理事長或監事會召集人職務，另行改選或改推。
第31條	人民團體理事、監事應親自出席理事、監事會議，不得委託他人代理；連續二次無故缺席者，視同辭職，由候補理事、候補監事依次遞補。
第32條	人民團體會員（會員代表）大會或理事會不能依法召開時，得由主管機關指定理事一人召集之；監事會不能依法召開時，得由主管機關指定監事一人召集之。
第33條	人民團體經費來源如左： 一、入會費。 二、常年會費。 三、事業費。 四、會員捐款。 五、委託收益。 六、基金及其孳息。 七、其他收入。 前項第一款至第四款經費之繳納數額及方式，應提經會員（會員代表）大會通過，並報請主管機關核備後行之。
第34條	人民團體應每年編造預算、決算報告，提經會員（會員代表）大會通過，並報主管機關核備。但決算報告應先送監事會審核，並將審核結果一併提報會員（會員代表）大
第35條	職業團體係以協調同業關係，增進共同利益，促進社會經濟建設為目的，由同一行業之單位，團體或同一職業之從業人員組成之團體。
第37條	職業團體以其組織區域內從事各該行職業者為會員。 職業團體不得拒絕具有會員資格者入會。
第38條	職業團體會員（會員代表）不能親自出席會員（會員代表）大會時，得以書面委託其他會員（會員代表）代理。但委託出席人數，不得超過該次會議親自出席人數之三分之一。 每一會員（會員代表）以代理一人為限。

第39條	社會團體係以推展文化、學術、醫療、衛生、宗教、慈善、體育、聯誼、社會服務或其他以公益為目的,由個人或團體組成之團體。
第41條	社會團體選任職員之職稱及選任與解任事項,得於其章程另定之。但須經主管機關之核准。
第42條	社會團體會員(會員代表)不能親自出席會員(會員代表)大會時,得以書面委託其他會員(會員代表)代理,每一會員(會員代表)以代理一人為限。
第43條	社會團體理事會、監事會,每六個月至少舉行會議一次。
第44條	政治團體係以共同民主政治理念,協助形成國民政治意志,促進國民政治參與為目的,由中華民國國民組成之團體。
第45條	符合左列規定之一者為政黨: 一、全國性政治團體以推薦候選人參加公職人員選舉為目的,依本法規定設立政黨,並報請中央主管機關備案者。 二、已立案之全國性政治團體,以推薦候選人參加公職人員選舉為目的者。
第46條	依前條第一款規定設立政黨者,應於成立大會後三十日內,檢具章程及負責人名冊,報請中央主管機關備案,並發給證書及圖記。 前條第二款之政黨,應於選舉公告發布之日前,檢具章程及負責人名冊,向中央主管機關申請備案。
第46-1條	依前條規定備案之政黨,符合下列各款規定者,得經中央主管機關核准後,依法向法院辦理法人登記: 一、政黨備案後已逾一年。 二、所屬中央、直轄市、縣〔市〕民選公職人員合計五人以上。 三、擁有新臺幣一千萬元以上之財產。 前項政黨法人之登記及其他事項,除本法另有規定外,準用民法關於公益社團之規定。
第47條	政黨以全國行政區域為其組織區域,不得成立區域性政黨。但得設分支機構。
第48條	依第四十六條規定設立之政黨,得依法推薦候選人參加公職人員選舉。
第49條	政治團體應依據民主原則組織與運作,其選任職員之職稱、名額、任期、選任、解任、會議及經費等事項,於其章程中另定之。
第50條	政黨依法令有平等使用公共場地及公營大眾傳播媒體之權利。
第50-1條	政黨不得在大學、法院或軍隊設置黨團組織。
第51條	政治團體不得收受外國團體、法人、個人或主要成員為外國人之團體、法人之捐助。
第52條	內政部設政黨審議委員會審議政黨處分事件。 政黨審議委員會由社會公正人士組成,其具有同一黨籍者,不得超過委員總額二分之一;其組織由內政部定之。
第54條	人民團體經核准立案後,其章程、選任職員簡歷冊或負責人名冊如有異動,應於三十日內報請主管機關核備。
第55條	人民團體經許可設立後逾六個月未成立者,廢止其許可。但報經主管機關核准者,得延長之,其期間以三個月為限。
第56條	人民團體因組織區域之調整或其他原因有合併或分立之必要者,得申請主管機關核定合併或分立。 行政組織區域變更時,人民團體名稱變更者,應將會議紀錄函請主管機關備查。人民團體名稱變更者,不得與登記有案之人民團體相同。 依前項規定議決之人民團體,其屆次之起算,應經會員大會或會員代表大會議決。
第57條	人民團體成績優良者,主管機關得予獎勵;其獎勵辦法由中央主管機關定之。
	人民團體有違反法令、章程或妨害公益情事者,主管機關得予警告、撤銷其決議、停止其業務之一部或全部,並限期令其改善;屆期未改善或情節重大者,得為左列之處 一、撤免其職員。 二、限期整理。

第46-1條	依前條規定備案之政黨，符合下列各款規定者，得經中央主管機關核准後，依法向法院辦理法人登記： 一、政黨備案後已逾一年。 二、所屬中央、直轄市、縣（市）民選公職人員合計五人以上。 三、擁有新臺幣一千萬元以上之財產。 前項政黨法人之登記及其他事項，除本法另有規定外，準用民法關於公益社團之規定。
第47條	政黨以全國行政區域為其組織區域，不得成立區域性政黨。但得設分支機構。
第48條	依第四十六條規定設立之政黨，得依法推薦候選人參加公職人員選舉。
第49條	政治團體應依據民主原則組織與運作，其選任職員之職稱、名額、任期、選任、解任、會議及經費等事項，於其章程中另定之。
第50條	政黨依法令有平等使用公共場地及公營大眾傳播媒體之權利。
第50-1條	政黨不得在大學、法院或軍隊設置黨團組織。
第51條	政治團體不得收受外國團體、法人、個人或主要成員為外國人之團體、法人之捐助。
第52條	內政部設政黨審議委員會審議政黨處分事件。 政黨審議委員會由社會公正人士組成，其具有同一黨籍者，不得超過委員總額二分之一；其組織由內政部定之。
第54條	人民團體經核准立案後，其章程、選任職員簡歷冊或負責人名冊如有異動，應於三十日內報請主管機關核備。
第55條	人民團體經許可設立後逾六個月未成立者，廢止其許可。但報經主管機關核准者，得延長之，其期間以三個月為限。
第56條	人民團體因組織區域之調整或其他原因有合併或分立之必要者，得申請主管機關核定合併或分立。 行政組織區域變更時，人民團體名稱變更者，應將會議紀錄函請主管機關備查。人民團體名稱變更者，不得與登記有案之人民團體相同。 依前項規定議決之人民團體，其屆次之起算，應經會員大會或會員代表大會議決。
第57條	人民團體成績優良者，主管機關得予獎勵；其獎勵辦法由中央主管機關定之。
	人民團體有違反法令、章程或妨害公益情事者，主管機關得予警告、撤銷其決議、停止其業務之一部或全部，並限期令其改善；屆期未改善或情節重大者，得為左列之處一、撤免其職員。

國家圖書館出版品預行編目(CIP)資料

非營利組織管理 / 連恆著. -- 臺北市：種籽文
化, 2020.06
　　面；　公分
ISBN 978-986-98241-8-7(平裝)

1.非營利組織 2.組織管理

546.7　　　　　　　　　　　　　109007505

Vision 1
非營利組織管理

作者 / 連恆
發行人 / 鍾文宏
編輯 / 種籽編輯部
行政 / 陳金枝

出版者 / 種籽文化事業有限公司
出版登記 / 行政院新聞局局版北市業字1449號
發行部 / 台北市虎林街46巷35號1樓
電話 / 02-27685812-3 傳真 / 02-27685811
e-mail / seed3@ms47.hinet.net

印刷 / 久裕印刷事業股份有限公司
排版 / Cranes工作室 白淑芬
總經銷 / 知遠文化事業有限公司
地址 / 新北市深坑區北深路3段155巷25號5樓
電話 / 02-26648800 傳真 / 02-26640490
網址 / http;//www.booknews.com.tw(博訊書網)

出版日期 / 2020年06月 初版一刷
郵政劃撥 / 19221780 戶名 / 種籽文化事業有限公司
◎劃撥金額900元以上者(含)，郵資免費。
◎劃撥金額900元以下者，訂購一本請外加郵資60元。
　訂購兩本以上，請外加80元。

訂價：320元